SOUVENIRS

D'UN

FRANC-TIREUR

EN 1870-1871

SIMPLE CONTRIBUTION A L'HISTOIRE DES CORPS FRANCS
PENDANT LA GUERRE FRANCO-ALLEMANDE

PAR

P. TROCHON

PARIS

LIBRAIRIE PLON

PLON-NOURRIT et Cⁱᵉ, IMPRIMEURS-ÉDITEURS

8, RUE GARANCIÈRE — 6ᵉ

—

1901

Tous droits réservés

SOUVENIRS

D'UN

FRANC-TIREUR

EN 1870-1871

PARIS. — TYP. PLON-NOURRIT ET Cⁱᵉ, RUE GARANCIÈRE, 8. — 2311.

SOUVENIRS

D'UN

FRANC-TIREUR

EN 1870-1871

SIMPLE CONTRIBUTION A L'HISTOIRE DES CORPS FRANCS
PENDANT LA GUERRE FRANCO-ALLEMANDE

PAR

P. TROCHON

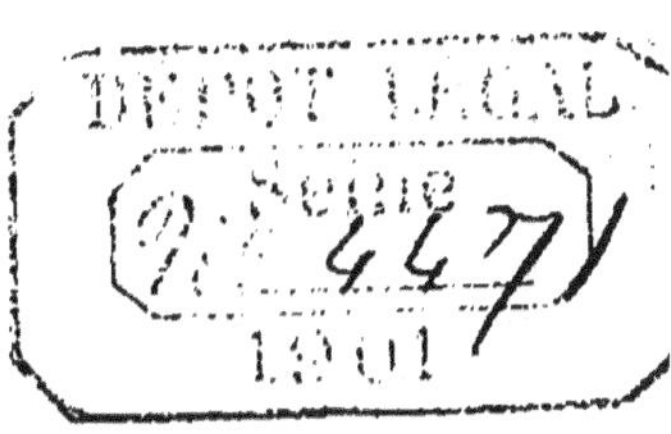

PARIS

LIBRAIRIE PLON

PLON-NOURRIT ET Cⁱᵉ, IMPRIMEURS-ÉDITEURS

8, RUE GARANCIÈRE — 6ᵉ

——

1901

Tous droits réservés

*

AVANT-PROPOS

Bien des exagérations, bien des injustices ont été commises par la parole, la plume et le livre dans l'appréciation de la plupart des faits qui se rattachent aux événements de 1870-71.

Mais c'est principalement contre le gouvernement de la Défense nationale et son œuvre, qu'ont été dirigées les attaques les plus vives, qu'ont été accumulés les injures et les reproches les plus violents.

Certes, des fautes nombreuses, inexplicables, sans excuses apparentes parfois, ont été commises après comme avant le 4 Septembre ; mais, à côté des erreurs et des défaillances, l'histoire impartiale enregistrera, Dieu merci ! et en plus grand nombre encore peut-être, des traits de patriotisme, des actes de dévouement et de courage qui, s'ils ont été impuissants à conjurer la défaite, parce que les efforts qu'ils exprimaient manquaient de coordination et d'ensemble, n'en ont pas moins appris à ceux qui savent lire dans les événements ce dont la France peut devenir capable.

On a beaucoup disputé sur la question de savoir s'il n'aurait pas été préférable de faire la paix après Sedan. Ce n'est pas l'avis des chefs militaires que l'éclat de leurs services autorise le plus à opiner sur ce sujet. Dans tous les cas, au seul point de vue exprimé plus haut, il n'est pas contestable que la continuation des hostilités après Sedan nous a été profitable. Une telle résistance, à laquelle ils ne s'attendaient nullement, a surpris nos ennemis, et leur a fait entrevoir, ainsi qu'à nous-mêmes du reste, — circonstance non moins utile, — ce qu'il serait permis d'attendre de ce pays le jour où, bien préparé et bien conduit, il aurait à tenter de nouveau le sort des armes.

Et comment méconnaître ce résultat chez nous, lorsque les Allemands en proclament la réalité par la bouche de leurs spécialistes les plus autorisés?

Quelque temps après la guerre, en effet, le vieux maréchal de Moltke lui-même s'en expliquait, en termes précis, devant des officiers prussiens qui raillaient en sa présence les armées improvisées de la Défense nationale. Il déclarait ne pas sourire comme eux des efforts le plus souvent malheureux de ces armées qui, en somme, et pendant cinq mois, avaient tenu en échec les troupes de la Confédération; et il concluait, en ajoutant que cette guerre « avait tellement étonné l'état-major allemand, au point de vue militaire, qu'il lui faudrait étudier cette question durant de longues années (1) ».

Mais, rien n'est plus difficile à déraciner que la légende; et c'est sur des légendes, bien plus que sur des faits contrôlés, que l'opinion publique se forme d'habitude.

A cet égard, il n'est pas d'exemple plus surprenant que la persistance, la ténacité des préjugés qui se sont attachés à certaines formations militaires de l'époque, aux corps francs, en particulier.

Partout ailleurs, le patriotisme est honoré sous toutes les formes où il se manifeste. Chez

_____

(1) J.-B. Dumas. *La guerre sur les communications allemandes.*

tous nos voisins, on conserve pieusement, on
exalte le souvenir de ceux, réguliers ou partisans, qui ont porté les armes contre l'étranger.
En Allemagne, Kœrner, le poète farouche des
revanches germaniques, a surtout tiré sa célé-
brité, sa vogue, de ce qu'il avait commandé
comme colonel un corps franc en 1813; et en
Espagne, les *guérillas* de la guerre de l'Indé-
pendance sont restées comme le type le plus
élevé du patriotisme.

En France, au contraire, pendant longtemps,
nous n'avons entendu parler des corps francs
que comme d'une réunion de gens de sac et de
corde, sans valeur militaire, et ayant été plus
nuisibles à leur propre pays que les Allemands
eux-mêmes.

Une pareille opinion n'a pu être et n'a été, en
réalité, que le résultat d'on ne sait quel parti
pris et de l'ignorance absolue des faits.

Certes, il y a eu des brebis galeuses parmi les
corps francs de 1870. Mais, où n'y en a-t-il pas
eu? N'est-ce pas le propre de toutes les réunions
d'hommes d'offrir le contraste du bien et du
mal? L'ivraie ne se rencontre-t-elle pas toujours
à côté du bon grain?

L'ensemble des corps francs était bon. C'est en grand nombre, en majorité, qu'on y a vu les hommes énergiques, de bonne volonté, sincèrement animés du désir d'agir utilement pour leur pays; et les chefs militaires qui ont su et voulu s'en servir n'ont eu qu'à s'en féliciter.

Peu à peu, la lumière se fait sur ce point comme sur tant d'autres. A côté des travaux purement techniques auxquels a donné lieu la guerre franco-allemande, si fertile en incidents et en enseignements de toute nature ; après ces ouvrages peu accessibles au public et ayant pour objet principal l'étude critique des grands mouvements des armées, ont paru et continuent de paraître, aussi bien en Allemagne qu'en France, des œuvres plus à la portée de tout le monde, non moins utiles à ce point de vue, et qui, s'attachant plus spécialement à l'examen des faits de détail, en dégagent la pensée et la moralité. Et on a pu apprendre, par celles de ces publications qui ont vu le jour en France, sans parler de ce qu'en disent nos ennemis eux-mêmes (qui ne dissimulent nullement combien les corps francs les ont molestés et inquiétés pendant cette campagne), que, dans leurs rapports officiels, des généraux français, et non de ceux dont l'opinion a le moins de poids dans ces matières, ont dû rendre hommage, dans les termes les plus honorables, à la belle attitude de certains corps de partisans.

On sait aujourd'hui qu'un grand nombre de ces formations, auxquelles, sans preuves, sur la foi de simples racontars, le plus souvent, ou d'exagérations singulières, s'était attachée une si mauvaise réputation, se composaient, en réalité, d'une véritable élite, renfermaient, à côté de volontaires inexpérimentés, mais ardents, une foule d'anciens soldats, et étaient commandées, pour la plupart, par d'énergiques officiers de nos armées régulières, qui avaient repris du service ou s'étaient échappés de Sedan et de Metz pour accourir à la défense du pays.

Ce n'étaient pas des hommes sans aveu, mais de vigoureux patriotes, ces *francs-tireurs de Paris* et de *la Presse*, ces *Éclaireurs de Franchetti*; ces *francs-tireurs de la Vendée, de Nice, de Loir-et-Cher, de la Nièvre, de Rochefort* et cette *Légion bretonne*, réunis sous un même commandement. C'étaient de braves gens, de bons Français, ces admirables *volontaires de l'Ouest* (zouaves pontificaux), qui n'étaient en somme qu'une troupe franche supérieurement organisée et commandée; ces *chasseurs des Vosges, des Alpes* et *du Mont-Blanc; ces francs-tireurs de l'Isère, du Haut-Rhin, girondins, de Nantes, de Cannes, de Seine-et-Marne; ce corps franc des Vosges;* sans parler d'une infinité d'autres corps dont le rôle a été plus effacé ou moins connu.

Là, servaient, commandaient des hommes comme les Charette, les Cathelineau, les Keller, Lipowski, ancien lieutenant au 10e bataillon de chasseurs à pied; Le Maine, ex-lieutenant d'infanterie de marine; Dubois et Damalain, officiers de vaisseau; Spinabelli, ex-officier de bersagliers; Bourras, capitaine du génie; Schœdlin, capitaine d'artillerie; Wolowski, Pistor, alors polytechnicien, ancien sous-chef d'état-major du deuxième corps d'armée et depuis peu général de brigade, après avoir fait partie, comme chef d'escadron d'artillerie, de la maison militaire du président Carnot; Coumès, lieutenant d'infanterie, blessé à Saint-Privat, évadé de Metz, naguère encore chef de bataillon au 74e régiment d'infanterie; Liénard, Tappaz, Ledeuil, Chabrillat, Michard, Dunières et tant d'autres (1).

Le modeste corps dont je vais retracer la très simple histoire ne figure pas parmi ceux qui se sont signalés par des actions d'éclat.

Créé tardivement, dans les derniers mois de la campagne, et d'un effectif trop restreint pour avoir jamais pu prétendre à jouer un rôle quelconque isolément, il a passé inaperçu, noyé, pour ainsi dire, au milieu des groupes plus importants auxquels il a plu à l'autorité supérieure de le rattacher.

Mais, si les faits de guerre auxquels il lui a été donné de prendre part ont été peu nombreux et sans importance, au point de vue des résultats généraux ; si son action propre est nécessairement restée insignifiante, il n'en est pas moins vrai que la sincérité des sentiments patriotiques des volontaires qui le composaient, l'esprit de discipline et de dévouement dont il a

____

(1) « Dans la mobile et dans les francs-tireurs, il y avait beaucoup d'officiers et même de simples soldats appartenant aux rangs les plus élevés de la société, quelques-uns portant les plus grands noms de France, et qui avaient tout quitté, fortune, bien-être, famille, jeunes femmes, petits enfants, pour accourir à la défense du sol national. C'étaient de braves cœurs, acceptant gaiement toutes les misères et tous les dangers de la guerre, toujours prêts à tous les sacrifices, et qui aimaient bien leur pays. » (Général Crouzat, *Le 20ᵉ corps à l'armée de la Loire.*)

fait preuve, de l'avis de tous, dans toutes les circonstances d'une campagne féconde en souffrances et en privations de toute nature, sa bonne tenue enfin, partout où il a passé, lui ont donné le droit de figurer parmi les corps irréguliers, plus nombreux qu'on ne pense généralement, qui ont compris leur devoir et se sont efforcés de le remplir.

Le récit qui va suivre n'était pas destiné à la publicité. Il devait être distribué seulement aux survivants du groupe infime dont il raconte la courte carrière et aux familles de ceux, trop nombreux déjà, qui ne sont plus.

Quelques amis, cependant, ont estimé qu'il méritait de voir le jour, ne fût-ce que comme une modeste mais utile contribution à l'histoire générale des corps francs, qu'il faut souhaiter de voir écrire un jour par une plume autorisée.

Je cède donc à cette indication d'une amitié trop indulgente sans aucun doute, encouragé, du reste, par l'espoir qu'à défaut d'autre mérite l'exactitude et la sincérité de l'œuvre me vaudront l'indulgence du lecteur lui-même.

P. T.

SOUVENIRS

D'UN

FRANC-TIREUR

EN 1870-71

SIMPLE CONTRIBUTION A L'HISTOIRE DES CORPS FRANCS
PENDANT LA GUERRE FRANCO-ALLEMANDE

CHAPITRE PREMIER

Situation générale. — En Saintonge. — Réveil du patriotisme.
— Les « vieux garçons ». — Élection des officiers. — Projet
de création d'un corps franc. — Difficultés enfin surmontées.

En 1870, la masse des Français, qui venaient
de donner à l'Empire, par les 6 millions de suffrages
du plébiscite, une nouvelle investiture pour ainsi
dire, voulait la paix, mais ne redoutait pas la
guerre.

Elle ne pouvait s'imaginer que le gouvernement
de son choix, auquel elle venait à peine de renouveler d'une façon si complète, si éclatante, le
témoignage de sa confiance, pourrait méconnaître

les intérêts du pays au point de le lancer dans une entreprise de cette gravité, sans avoir pris toutes les précautions nécessaires, à l'aveugle.

La déclaration de guerre notifiée à la Prusse le 19 juillet détermina certes dans le pays l'émotion profonde que comporte toujours l'approche de grands événements; mais ce sentiment n'excluait pas la confiance de chacun dans le résultat final de la lutte.

Seuls, quelques esprits éclairés — une faible élite — au courant de l'évolution profonde qui s'était opérée en Allemagne depuis le commencement du siècle, renseignés sur la puissance militaire formidable de ce pays, et sur l'infériorité de nos propres moyens, redoutèrent une catastrophe et ressentirent les angoisses que déterminait chez eux la claire notion d'un péril certain. En réalité, nos premières défaites surprirent l'opinion.

C'est ainsi, du moins, que les choses se passèrent dans notre vieille et calme Saintonge, dont la confiance dans l'Empire, auquel elle était complètement inféodée, était aveugle et sans bornes.

De tout temps, l'attachement de la Saintonge pour les Napoléons avait été très vif. Son culte pour la dynastie, implanté et entretenu par les vétérans des armées impériales, avait subi, sans faiblir, la Restauration, les gouvernements de Juillet et de 1848; et c'est en masse que les deux Charentes avaient salué l'arrivée au pouvoir du prince-président, acclamé le coup d'État, puis le rétablissement de l'Empire.

Nos malheurs de 1870 n'ont pas suffi ; il a fallu de longues années, la situation économique terrible amenée par le phylloxéra, le renouvellement de la génération elle-même, pour modifier les apparences d'un état d'esprit qu'on a pu croire irréductible un moment.

On comprend sans peine que, dans un pareil milieu, l'annonce des premiers insuccès de nos armées n'ait eu qu'un résultat, celui de surexciter les rivalités politiques, de rendre plus vive l'opposition au gouvernement, sans cependant ébranler la constance de ses partisans Personne, au surplus, dans les premières semaines, pas plus dans un camp que dans l'autre, ne se rendait compte exactement de la situation. On sentait bien que les choses allaient mal, mais on n'entrevoyait nullement les catastrophes effroyables qui allaient fondre sur le pays et précipiter sa défaite.

Les passions politiques n'avaient pas encore acquis en Saintonge le caractère de violence qu'elles ont pris presque partout depuis ; et il est juste de reconnaître qu'au fur et à mesure que la situation s'aggravait, une détente sensible se produisait dans la lutte des partis. La notion chaque jour plus nette des malheurs de la patrie finit même par rapprocher et fondre à peu près en une pensée commune, celle de la défense, les esprits naguère si divisés ; et c'est sans protestations bien vives que la nouvelle de la révolution du 4 Septembre, suivant de si près la terrible commotion déterminée par la capitulation de Sedan, fut accueillie dans ce pays, où le gouvernement déchu conservait cependant presque tous ses partisans.

A Jonzac, notamment, il y eut un peu d'effarement de part et d'autre; puis, devant l'évidence du danger, l'apaisement se fit assez promptement.

Chacun sait que, après la chute de l'Empire, les Allemands victorieux s'avançaient sur Paris, ne laissant dans l'Est, outre l'armée du prince Frédéric-Charles qui assiégeait Metz, que les troupes nécessaires pour protéger leurs communications avec l'Allemagne.

Le pays était tout ouvert devant l'ennemi, le danger pressant; aussi, le gouvernement de la Défense nationale s'efforçait-il d'activer par tous les moyens possibles la formation des armées qu'il se proposait d'opposer à l'envahisseur.

On vit se produire alors ce qui se produit infailliblement partout et toujours dans des conjonctures semblables. Les affaires souffrent, chacun en arrive à disposer de loisirs qui lui font défaut dans les circonstances normales; les lieux publics sont plus fréquentés que de coutume; et, dans ces réunions d'hommes que le hasard, des tendances communes ou une impulsion instinctive rassemblent, les imaginations surexcitées se donnent libre cours. C'est alors à qui commentera les événements du jour, en expliquera les causes véritables et indiquera le moyen infaillible de les diriger dans un sens utile au pays.

Mais, parmi les variétés curieuses auxquelles la situation troublée du moment donna naissance, la catégorie des stratèges d'occasion fut certainement la plus nombreuse ; et ce sont des volumes qu'il faudrait rien que pour relater les plans de campagne, les engins et les stratagèmes dont l'exécution et l'emploi, suivant leurs auteurs, devaient amener la rapide destruction des armées prussiennes.

Pendant ce temps, fort heureusement, le gouvernement de la Défense nationale, faisant appel à toutes les bonnes volontés sérieuses, sans acception de parti, était parvenu, à part quelques choix malheureux et inévitables, à grouper un certain nombre d'hommes d'élite, dont le patriotisme, la valeur et l'énergie ne devaient pas tarder à porter des fruits appréciables.

Aussi longtemps qu'avait subsisté cette belle armée du Rhin, à la tête de laquelle l'opposition a pu se reprocher d'avoir poussé l'homme qui l'a perdue, on continuait de croire à un retour heureux de la fortune.

On eût tout admis, de nouveaux échecs sous Metz, l'abandon du camp retranché, la chute de la place, la retraite, l'éparpillement même des forces qui la défendaient ; mais on n'avait jamais envisagé comme possible l'anéantissement complet de l'armée qui, par le nombre et la qualité des éléments qu'elle renfermait, apparaissait comme la réserve suprême où s'alimenteraient nos nouvelles formamations. Aussi, la capitulation de Metz, entraînant celle de l'armée du Rhin tout entière, apparut-elle comme un désastre irréparable, le dernier coup du sort impitoyable qui s'acharnait sur nous.

Je n'oublierai jamais, pour ma part, la consternation dans laquelle nous plongea tous la nouvelle de ce douloureux événement.

C'était un samedi, le jour tombait. Ramenée sur la place du Château, à l'issue d'une manœuvre, par son commandant, M. Chotard, excellent homme qui, sous des dehors contenus, abritait un cœur de bon Français, la garde nationale allait rompre les rangs, lorsque sur la demande du sous-préfet, qui se tenait là dans l'attente, elle forma le cercle.

Tout le monde sentit d'instinct que quelque chose de grave allait se passer ; et ce fut au milieu d'un silence de mort que le sous-préfet, après quelques mots où perçait l'émotion qui l'étreignait, donna lecture de la proclamation par laquelle Gambetta annonçait au pays la catastrophe.

On a pu critiquer depuis, avec raison, certains passages de cette proclamation bien faits pour émouvoir péniblement les chefs de l'armée restés fidèles à leurs devoirs ; mais, dans le moment, on ne saisit que l'allure générale du document, allure vraiment haute, en harmonie avec la gravité des circonstances.

Sa lecture terminée, le sous-préfet essaya d'ajouter quelques paroles pour nous exhorter à une résignation courageuse ; mais sa voix s'étranglait, et ce que l'on perçut le mieux dans le vague du crépuscule, ce fut le geste douloureux par lequel il mit fin à sa courte harangue.

Le cercle se rompit de lui-même, et chacun rentra chez soi, anéanti sous le poids des choses terribles qu'il venait d'apprendre.

Nous marchions silencieux, à côté l'un de l'autre, mon vieux père et moi. Au lieu de porter notre fusil de munition sur l'épaule, martialement, comme d'habitude, nous l'avions placé d'instinct — car nous ignorions alors que ce mouvement fût réglementaire en signe de deuil — sous le bras droit, la crosse haute, le canon bas.

En rentrant, nous déposâmes nos armes dans le coin habituel, en silence.

Mon père était affaissé, las ; pendant le chemin, de grosses larmes avaient coulé le long de ses joues ; et durant toute la soirée, il ne me dit que ces mots, au moment où nous nous mettions à table : « Mon cher fils, je crois que nous sommes perdus ; c'est le dernier coup ! »

Quelques jours plus tard, survint un fait d'une grande importance relative et qui vint relever les courages abattus.

Le pays apprit avec une joie inexprimable que la jeune armée de la Loire, sous les ordres de son organisateur, le vieux général d'Aurelle de Paladine, venait de chasser d'Orléans les troupes du général bavarois von der Tann, après les avoir battues et mises en déroute à Coulmiers (9 novembre).

Tout d'abord, le nom de Coulmiers étant inconnu, on avait compris que la bataille s'était livrée à Coulommiers, en Seine-et-Marne, à 15 lieues de Paris; et on en avait inféré que l'investissement de la Capitale était, sinon rompu, du moins sur le point de l'être. C'était un événement considérable!

Les faits une fois rétablis, la joie n'en resta pas moins grande. Après la longue série des malheurs qui, sans interruption, nous avaient accablés depuis le début des hostilités, Coulmiers fut l'éclair de vie, l'étincelle qui galvanisa le pays, lui rendit les espoirs perdus.

Depuis un certain temps déjà, entre amis, nous avions agité le projet de créer un corps franc.

Le bruit de quelques heureux coups de main exécutés par des partisans contre les troupes allemandes nous était parvenu. De maints côtés, les journaux, les voyageurs de passage dans la région signalaient des combats dans lesquels nous trouvions la preuve que le pays se réveillait, s'organisait pour prolonger partout la résistance, en attendant qu'une offensive sérieuse pût être reprise contre l'ennemi.

C'étaient les affaires de Raon-l'Étape et de la
Bourgonce (5 et 6 octobre), où, avec des mobiles des
Deux-Sèvres, donnèrent principalement le *corps
franc des Vosges*, les *francs-tireurs bretons* et quelques autres corps irréguliers ; l'affaire d'Ablis (7 et
8 octobre), non loin de Chartres, où un parti de
francs-tireurs de Paris avait mis en fuite une troupe
allemande composée d'infanterie et de cavalerie,
après lui avoir tué ou blessé 12 hommes, et en lui
emmenant 70 prisonniers et 99 chevaux.

C'était encore le combat de Binas le 25 du même
mois, où 38 francs-tireurs de Saint-Denis s'étaient
fait tuer et blesser jusqu'au dernier plutôt que
d'abandonner le poste qui leur avait été confié (1).
C'était enfin, quelques jours plus tôt (18 octobre),
la défense plus retentissante, mais non plus belle,
de Châteaudun par les corps francs réunis sous les
ordres du lieutenant-colonel de Lipowski, auxquels
s'étaient joints des gardes nationaux et des pompiers
de la ville.

Toutes ces nouvelles nous surexcitaient. Nous

(1) Sur ces 38 francs-tireurs, il y eut 14 tués, 19 blessés et
4 prisonniers : un seul n'avait rien. A leur sujet le général
d'Aurelle inséra dans son ouvrage sur les opérations de l'armée
de la Loire le passage suivant du rapport officiel du général
Pourcet : « Ce poste de Binas était défendu par 38 francs-tireurs
de Saint-Denis, de la compagnie Liénard, qui préférèrent mourir
plutôt que de se rendre. Ces braves gens vendirent chèrement
leur vie ; embusqués, tirant à coup sûr, à petite distance, ils
épuisèrent toutes leurs cartouches... Le soir du combat, sur
les 38, 14 étaient morts.. »

nous disions que, dans des conjonctures aussi graves, des hommes jeunes et valides n'avaient pas le droit de rester tranquillement chez eux, alors que tant d'autres étaient déjà partis et que de toutes parts surgissaient des efforts nouveaux pour la défense du pays.

Nous aurions pris volontiers du service dans l'armée régulière, comme l'avaient fait déjà quelques-uns de nos amis; mais nous craignions d'avoir à subir comme eux, dans des dépôts quelconques, avant d'être envoyés au feu, la longue attente nécessitée par notre initiation préalable aux éléments du métier. Or, nous étions impatients, et, ignorants, comme nous savions l'être, de tout ce qui touchait à l'instruction militaire, il nous semblait que nous serions à même plus tôt et mieux de rendre quelques services dans une guerre de chicane où l'initiative individuelle, la bonne volonté et le désir sincère d'agir devaient jouer le rôle principal.

Et puis, nous avions lu les romans nationaux d'Erckmann-Chatrian; les exploits des partisans de 1814 dans les Vosges nous transportaient et nous brûlions de les renouveler.

Mais le recrutement d'un corps comme celui que nous projetions de former était devenu bien difficile.

La loi d'août, en rappelant tous les anciens soldats jusqu'à trente-cinq ans, avait enlevé les meilleurs

éléments, les plus solides. Puis était venu le tour
de la garde mobile; de telle sorte qu'il ne restait
plus, avec un petit nombre d'anciens militaires trop
âgés pour songer à reprendre utilement du service
actif, que la catégorie très mêlée des citoyens qui,
pour un motif quelconque, avaient échappé aux
appels précédents et, enfin, la classe assez nombreuse, mais inconsistante, des jeunes gens que
l'insuffisance de leur âge exonérait de tout service
légal.

Dans ces conditions, nos premières tentatives
s'étaient bornées à quelques conversations au cours
desquelles, à côté d'idées raisonnables et pratiques,
les conceptions les plus bizarres avaient vu le jour.

C'est ainsi que quelques amis d'une petite localité
voisine, qui étaient entrés dans nos vues et que leur
âge appelait à prendre les initiatives principales,
avaient émis très sérieusement l'idée que, pour tout
armement, nous devrions nous contenter d'un fusil
de chasse à deux coups, du système Lefaucheux,
sous le prétexte que, dans la guerre d'embuscade à
laquelle nous nous destinions, nous n'aurions à tirer
qu'à petite distance et à coup sûr. Toute la conces-
sion qu'ils faisaient aux opposants consistait à admettre que les canons de l'arme fussent rayés.

L'idée eut peu de succès. Nous eûmes généralement l'intuition que le fusil Lefaucheux, arme
excellente, sans aucun doute, contre la plume ou
le poil, se montrerait insuffisante, même à petite

portée, en face des Prussiens; et les choses en res-
tèrent là pendant quelque temps encore.

A quelques jours de là, en exécution du décret
qui, sous le nom de gardes nationaux mobilisés,
appelait sous les drapeaux tous les célibataires jusqu'à quarante ans, nous vîmes arriver à Jonzac,
chef-lieu de l'arrondissement, tout ce que les appels précédents avaient épargné.

A l'annonce du décret, la première impression
avait été bonne. On s'était figuré que, de cette
masse d'hommes que leur âge rendait plus aptes
que des conscrits à supporter les fatigues de la
campagne, surgiraient des formations auxquelles
une éducation militaire rationnelle conférerait des
qualités appréciables de solidité et de résistance,
et que nos armées de première ligne pourraient
bientôt y puiser des réserves vigoureuses.

Il fallut très promptement perdre cette illusion.
En général, nos « vieux garçons » —ainsi appelait-
on familièrement les gardes nationaux mobilisés —
se firent remarquer par un patriotisme des plus
tièdes, et l'absence à peu près complète des qualités
qui constituent l'esprit militaire : l'obéissance, la
confiance, le dévouement aux chefs, l'amour du
drapeau.

En Saintonge, la vie était douce et facile avant la
guerre, l'aisance générale. Enrichi par ses eaux-de-
vie fameuses, le pays n'alimentait que faiblement
nos armées en temps ordinaires, en dehors de nos

populations des côtes, qui ont toujours fourni d'excellents marins. Le remplacement y fleurissait. Soustraire son fils au service militaire « en lui achetant un homme » était le principal souci, apparaissait comme le premier devoir de tout chef de famille bien pensant. On s'imagine sans peine, après cela, l'effet que dut produire cette amorce de levée en masse que fut, en somme, l'appel des mobilisés dans un milieu où se rencontraient bon nombre d'hommes ayant payé jusqu'à deux fois pour ne pas partir.

Pour comble, le gouvernement maintint pour les mobilisés le déprimant système de l'élection des chefs par la troupe, si malencontreusement tiré déjà des souvenirs de la Révolution pour la garde mobile.

Qu'à la fin du siècle dernier, alors que table rase était faite de toutes les méthodes du passé, bonnes ou mauvaises, que toutes les passions basées sur le principe théorique de la liberté étaient surexcitées, la Convention, elle-même entraînée par les illusions du moment, ait décrété l'élection, par les volontaires qui surgissaient de toute part, des chefs qui devaient les commander, on peut, sinon l'admettre, tout au moins le comprendre. C'était dans la note du moment. L'homme n'apparaissait plus, à cet instant d'exaltation générale, qu'à travers les théories magnifiques sur lesquelles s'appuyait l'ordre nouveau, et le système pouvait séduire.

Rien ne devait paraître plus beau que ce spectacle de jeunes hommes s'offrant d'enthousiasme à
la patrie, et choisissant parmi les plus instruits, les
plus dignes, les plus braves d'entre eux, les chefs qui
devaient les conduire au combat.

En fait, ce fut le désordre et souvent l'anarchie.

S'il est exact, en effet, que bon nombre d'officiers
distingués de la Révolution et de l'Empire sortirent
des corps de volontaires, ces corps eux-mêmes, dans
leur ensemble, n'en devinrent pas moins, rapidement, par leur indiscipline, l'objet de plaintes nombreuses.

La plupart des chefs militaires sous les ordres
desquels on les avait placés furent bientôt amenés
à déclarer qu'aucune opération de guerre sérieuse
ne pouvait être tentée avec des troupes ainsi organisées; et l'on ne trouva de remède à la situation
que dans l'ingénieuse opération connue sous le nom
d'*amalgame*, qui consista dans l'adjonction à chaque
corps de volontaires d'un bataillon tiré de nos
vieilles troupes de ligne. C'est effectivement à partir de ce moment-là, que les armées de la République commencèrent à mériter cette réputation de
discipline, de probité et de vaillance qui leur assi-
gne une place à part dans l'histoire militaire de
tous les peuples.

On peut donc s'étonner à bon droit que le gouvernement de la Défense nationale ait cru devoir

recourir à ce procédé, que l'expérience de 1792 avait déjà si complètement condamné.

L'élection eut lieu dans le courant d'octobre, et les résultats en furent ce qu'ils pouvaient être, généralement mauvais.

A part quelques officiers venus des anciens sous-officiers de l'armée (1), la plupart des gradés se montrèrent très inférieurs à leur tâche; et si, au lieu de l'immobiliser comme on le fit jusqu'à la fin de la campagne au camp d'instruction de La Rochelle, on avait envoyé cette troupe au feu, on se demande ce qui en serait advenu.

Décidément, si nous voulions faire quelque chose, le moment d'agir était arrivé. Ce que nous venions de voir nous avait déterminés à tenter coûte que coûte la formation de notre corps franc, ou, en cas d'impossibilité absolue et sans plus attendre, à prendre du service dans n'importe quel corps combattant.

Il y avait à ce moment-là à Jonzac, comme sous-préfet, un homme dont le souvenir, malgré l'éloignement, est toujours resté vivace chez ceux qui l'ont approché et connu.

M. Pineau, originaire du Poitou, nous avait été envoyé par le gouvernement de la Défense nationale, après le 4 Septembre. Il succédait au dernier

---

(1) MM. Baillet, Monarque, Petit, Pastoureau et quelques autres qui, du reste, pour la plupart, n'acceptèrent de servir que par patriotisme, la loi ne les atteignant pas pour divers motifs.

sous-préfet de l'Empire, M. Le Bourgeois, qui remplaçait lui-même un fort galant homme, le vicomte de Biancourt.

M. Pineau, aujourd'hui vice-président du conseil de préfecture de la Vienne, appartenait à cette catégorie trop peu nombreuse de citoyens qui, en toutes circonstances, font passer l'intérêt du pays avant toute autre considération.

Patriote éclairé, droit, modeste, mais ferme, il s'appliqua sans relâche, par un labeur de tous les instants, à rapprocher, à unir dans une pensée commune, celle de la défense, les éléments que la politique avait plus ou moins divisés jusque-là.

Admirablement secondé par une femme d'élite, toute de bonté et de dévouement, il y parvint; et c'est grâce à lui et à Mme Pineau, à leur appui et à leurs encouragements que, de concert avec quelques-uns de nos concitoyens (1), nous pûmes mener à bien en quelques jours le recrutement, l'organisation et l'habillement de notre corps, malgré les obstacles de toute nature qui se dressaient à chaque pas devant nous.

Parmi les difficultés que nous avions à surmonter, en dehors de notre recrutement même, la principale consistait dans l'éloignement qu'éprouvait une partie de la population, la plus influente, à l'égard de notre projet.

(1) MM. Brard, Jules et Victor Gautret, Loze, Alcide Gaillard et quelques autres.

Nous avions été considérablement desservis, il est vrai, par l'arrivée inopinée dans le pays d'un assez triste sire, le sieur B....., ancien instituteur, qui avait dû quitter le pays dans des conditions défavorables quelques années auparavant.

Vers la fin de septembre, un après-midi, au cours de l'une de ces réunions publiques que quelques bons citoyens avaient organisées presque quotidiennement au théâtre de la ville, et où se communiquaient et se commentaient les nouvelles du jour, au cours de l'une de ces réunions, dis-je, on avait vu apparaître le sieur B..... dans un costume invraisemblable qu'il déclarait être celui du corps franc dont il disait faire partie.

S'élançant inopinément sur la scène, où siégeait le bureau, il s'était mis, sans préambule, à débiter des invocations patriotiques, sur un ton histrionesque et avec de grands gestes faux.

Déconcerté par la brusquerie de l'apparition, le docteur Brard, qui présidait, l'avait laissé parler; mais, profitant d'un court arrêt, il lui avait déclaré en termes brefs, énergiques, que le devoir d'un homme qui prétendait faire partie d'un corps en campagne n'était pas de le quitter pour aller pérorer à droite et à gauche, mais bien de le suivre et d'y faire de son mieux.

L'homme, interdit, avait disparu aussitôt sous les huées de l'assemblée, et on avait fini par rire de l'incident.

Il n'en fut pas moins exploité contre nos projets, à l'appui de la légende qui présentait déjà les corps francs, sans exception, comme un ramassis d'aventuriers, rebut de partout.

C'est à quelque temps de là que notre corps fut mis en voie d'organisation à Jonzac. Nous nous y engageâmes immédiatement, quelques amis et moi.

Un comité, composé de dames de la ville et présidé par Mme Pineau, femme du sous-préfet, eut pour mission de pourvoir à notre habillement et à la confection des objets de petit équipement qui nous étaient nécessaires, au moyen du produit d'une souscription ouverte à cet effet.

D'après les ressources dont le comité put disposer dans les premiers jours, nous crûmes devoir limiter notre effectif à vingt hommes, choisis avec le plus grand soin, de façon à écarter d'avance toute suspicion, tout motif de critique, et à calmer les appréhensions des plus timorés.

Ce nombre de vingt hommes, que nous aurions pu dépasser sans peine, était le minimum qui nous permît d'avoir un officier et, par conséquent, de conserver notre autonomie, à laquelle nous tenions beaucoup.

Nous pensions avec raison, en effet, que l'estime réciproque que nous tirerions de la rigueur apportée dans notre recrutement serait, pour chacun de nous, une puissante cause d'émulation dans le combat et un gage de sécurité dans l'infortune.

Tout candidat qui se présenta ne fut donc admis,

à la majorité des deux tiers au moins des membres déjà groupés, qu'après une enquête des plus minutieuses sur ses antécédents ; après quoi, tous les volontaires, y compris les fondateurs (1), furent soumis à un vote d'ensemble, de façon à ce que chacun fût bien l'élu de tous.

Nous fîmes preuve dans tous nos choix d'une sévérité excessive, qui dépassa même, parfois, les bornes de la raison.

C'est ainsi que nous avons rejeté la candidature d'un très brave garçon, ouvrier mécanicien originaire du Morvan, que l'accomplissement de travaux spéciaux avait amené dans notre pays quelques mois auparavant.

Grand, vigoureux, plein de santé, bon vivant, très doux, ce jeune homme s'était laissé aller à l'existence facile qu'on menait alors dans nos heureuses contrées, et on l'avait surpris quelquefois dans les vignes du Seigneur. Ce fut l'unique cause de son exclusion ; car il n'y avait absolument rien à lui reprocher, en dehors de sa très légère intempérance, non habituelle, du reste.

Si nos armées ne devaient se recruter que de gens sobres, vertueux et absolument indemnes des défauts qui affligent l'humanité, elles seraient peu nombreuses et nos ennemis, moins scrupuleux, auraient beau jeu.

(1) Nous avions débuté, dans la formation du **Corps,** au nombre de huit. (Voir état nominatif, annexe n° **1.**)

L'exagération en tout est blâmable ; dans les meilleures choses elle va contre le but poursuivi, et nous fûmes parfaitement ridicules dans cette circonstance.

Personnellement, je regretterai toujours d'avoir contribué, par mon vote, à un résultat qui, en nous privant d'une excellente recrue, fut un affront immérité, au total, et cruellement senti par celui qui le reçut.

Au surplus, malgré toutes ces précautions, qui eussent dû désarmer nos détracteurs, notre formation ne devait pas s'achever sans encombre.

Obéissant à on ne sait quelle suggestion, quelques dames du comité émirent avec timidité d'abord l'idée, puis, s'enhardissant, la prétention de partager entre nos mobiles — qui déjà tenaient campagne à l'armée de la Loire — et nous, les fonds recueillis. Or, les ressources disponibles apparaissaient comme suffisantes tout juste pour habiller convenablement notre petit contingent ; et, entrer dans la voie indiquée, c'était rendre, au dernier moment, notre projet irréalisable.

La pensée de derrière la tête apparut promptement du reste, et nous vîmes bientôt reprendre contre nous les motifs — toujours les mêmes — qui avaient entravé nos débuts. Le rôle que nous étions appelés à jouer pendant la guerre, les contacts que nous subirions nous conduiraient, on pouvait le craindre du moins, à contracter des habitudes mauvaises, immorales, qui, à notre retour, constitueraient un danger pour nos concitoyens. C'était enfantin.

Au fond, il faut bien le dire, la politique, qui gâte toujours tout, n'était pas étrangère à cette dernière tentative. On nous supposait des tendances exclusives, des préoccupations de parti, des préférences que nous avions, certes, comme citoyens, mais dont nous n'avons fait état à aucun degré dans le recrutement de notre petit contingent. Notre unique parti pris n'avait été que de réunir des volontaires irréprochables sous le rapport de l'honnêteté, de la moralité, et nous n'avions jamais interrogé aucun de nos candidats sur ses opinions politiques, présentes ou passées. L'homogénéité de notre groupement à ce point de vue n'était donc que le résultat du hasard ou, plus exactement sans doute, de l'affinité qui, sur tous les terrains, pousse les éléments de même nature à se chercher et à se réunir; car, je le répète, nous n'avions trahi, affiché, aucune tendance politique particulière.

La grande majorité des dames du comité, Mme Pineau en tête, combattirent ce projet et se déclarèrent décidées à s'en tenir à l'idée première, dont la légitimité était établie sans conteste par le journal local, le *Courrier de Jonzac,* qui, en publiant chaque semaine la liste des nouveaux donateurs, la faisait toujours précéder du même titre limitant la souscription à la formation d'un corps franc.

Finalement, après quelques résistances encore, les auteurs de la malencontreuse proposition durent s'incliner devant l'opinion nettement exprimée en notre faveur par l'honorable M. A..... de C....., procureur de la République, que ses idées conservatrices bien connues mettaient à l'abri de tout soupçon de partialité en notre faveur.

Comme tant d'autres bons Français, il n'avait envisagé que le but patriotique de nos efforts, et avait souscrit lui-même pour une somme importante,

Cette dernière entrave écartée enfin, nous pûmes achever promptement notre organisation.

Nous procédâmes d'abord à l'élection de notre cadre, qui fut composé de la manière suivante :

Un sous-lieutenant,

Un sergent-major,

Un sergent,

Un caporal-fourrier,

Deux caporaux.

Personne parmi nous n'avait servi, aussi peu que ce fût. Au point de vue militaire, le plus ferré était le sergent Bon, précédemment investi du même grade aux sapeurs-pompiers de Tonnay-Charente.

Les autres fonctions furent attribuées à ceux d'entre nous que leur âge, leur énergie connue, leur aptitude ou leur adresse à la chasse signalait à notre choix.

Notre habillement se composait d'une culotte de droguet gris foncé ; d'une veste-vareuse de drap de même couleur avec pattes d'épaules et double rangée de boutons noirs en corne ; d'une ceinture en laine verte, longue de trois mètres.

Le col, les parements et les pattes d'épaules de la vareuse, ainsi que les bandes de nos culottes et les galons de grade de nos caporaux, étaient en drap fin, de couleur verte.

Notre sous-lieutenant portait le nœud hongrois en or des officiers de la mobile, et nos sous-officiers, les galons des grades correspondants de l'infanterie de ligne.

Notre coiffure consistait dans un chapeau de feutre mou vert foncé, de dimensions très discrètes, avec une ou deux plumes de coq fichées sur le côté gauche, au moyen d'une cocarde tricolore en métal.

Nous étions aussi munis de deux paires de souliers napolitains et de deux chemises de flanelle solidement confectionnés sur mesure ; d'une couverture de laine que nous portions roulée en sautoir, et d'une ceinture de forte toile blanche, doublée de flanelle rouge, à porter sur le corps, destinée à protéger le ventre et pourvue de goussets dans lesquels se trouvaient des bandes de toile, de la charpie et un petit flacon de perchlorure de fer.

Notre équipement comprenait un ceinturon de cuir jaune, haut de cinq centimètres, avec boucle en laiton ; des guêtres « chasseur » de même couleur et vingt hachettes avec pics, bêches et marteaux répartis entre nous.

L'armement devait nous être donné plus tard, par le gouvernement. En attendant, durant notre séjour à Jonzac, nous nous servîmes des armes de la garde nationale, vieux fusils à silex transformés à piston.

Nous mîmes à profit le temps qui nous séparait de notre départ pour exécuter chaque jour des marches et quelques exercices élémentaires (maniement d'armes, école de tirailleurs et tir à la cible).

Notre guide principal dans ces exercices, en outre des règlements en usage dans l'armée, était un travail des plus intéressants sur le rôle et la manière de combattre des partisans, que nous devions à l'un de nos amis, vieux vétéran des guerres d'Afrique, que son état de santé avait empêché de conserver le commandement qui lui avait été offert dans la mobile, le commandant Ribière, ancien capitaine de zouaves.

Le tir à la cible présentait des difficultés particulières, peu commodes à surmonter, surtout pour des novices comme nous.

Nous ignorions les principes les plus élémentaires du tir. Nous n'avions à notre disposition que des armes très imparfaites et pas de munitions réglementaires : ni poudre, ni balles, ni capsules.

Quelques-uns d'entre nous s'étaient déjà mis à l'œuvre, dès la déclaration de guerre, pour s'exercer au tir, malgré cette pénurie de moyens. Ils avaient fait confectionner un moule à balles rondes d'un calibre très faiblement supérieur à celui de l'arme, de façon à ce que le projectile, tout en recevant à sa périphérie l'empreinte des rayures, pût être conduit facilement jusqu'à la charge. Très peu déformée par ce léger forcement, la balle arrivait au but avec une justesse très suffisante.

C'est en tâtonnant que nous avions déterminé la charge de poudre de chasse dont nous nous servions et, après quelques essais, nous étions parvenus à la régler de façon à atteindre à 100 mètres, de but en blanc, notre cible rudimentaire faite de planches assemblées. Nous avions suppléé aux capsules, absentes comme le reste, au moyen de ces amorces roses au fulminate que les enfants font éclater dans leurs pistolets de plomb.

Malgré l'imperfection de ces moyens, nous étions arrivés, après quelques jours d'exercice, à loger la plus grande partie de nos balles en bonne place, à 200 mètres, dans une cible large d'un mètre et haute de deux.

Nous avions parmi nous, du reste, quelques tireurs émérites, qui, avec leurs fusils de chasse chargés à balles, brisaient souvent une assiette à quatre-vingts pas.

Le jour du départ, impatiemment attendu, arriva enfin. Toutes les formalités relatives à notre mise en route devaient être accomplies dans les derniers jours de novembre, et il avait été décidé que nous quitterions Jonzac, sans plus attendre, le 4 décembre.

La veille, dans l'après-midi, nous avions pris congé du sous-préfet, M. Pineau, qui, jusqu'au dernier moment, n'avait cessé de nous aider et de nous soutenir de ses conseils et de ses pouvoirs, le priant de vouloir bien transmettre l'expression de notre reconnaissance au comité, dont la constante sollicitude nous avait aussi permis de mener à bien notre entreprise. Le reste de la journée avait été employé en visites aux parents et aux amis.

Dans la soirée, il s'était produit un incident qui nous avait vivement touchés.

Nous nous étions rendus en corps chez le vieux docteur Brard, pour le remercier du concours qu'il nous avait prêté.

Ancien représentant à la Constituante de 1848, le docteur Brard appartenait à cette génération d'hommes qui ont pu se tromper dans quelques-unes de leurs conceptions politiques, mais dont la sincérité, l'honorabilité et le patriotisme étaient au-dessus de tout soupçon.

Respecté de tous, amis et adversaires, il tirait d'une existence déjà longue, toute de probité et d'honneur, une grande autorité, dont il ne se servait, depuis la déclaration de guerre, que pour provoquer et maintenir l'entente de tous contre l'étranger.

C'est lui qui, avec le concours de quelques-uns

de ses amis (1), avait organisé ces réunions publiques dont j'ai déjà parlé plus haut, et où chacun
pouvait venir communiquer ou recueillir les nouvelles intéressantes tirées de la presse ou des cor-
respondances privées.

Au moment de notre visite, le docteur présidait
l'une de ces réunions qui avaient lieu au théâtre
de la ville. Nous nous y étions rendus aussitôt, et
l'avions trouvé lisant à haute voix les faits militaires
du jour dans le journal *la Gironde*. Prévenu de
notre arrivée, il s'était interrompu, avait écouté
avec intérêt les quelques mots de remerciement
formulés en notre nom par notre sous-lieutenant,
puis nous avait adressé une allocution cordiale
terminée par le cri de « vivent les francs-tireurs de
Jonzac! » que la salle tout entière avait répété.

Interloqués par cette manifestation inattendue,
nous y avions répondu par les cris de « vive la France!
vive la République! » et, très émus, nous nous étions
retirés, chacun de son côté, après avoir reçu les
ordres de notre officier pour le rassemblement du
lendemain.

(1) Parmi lesquels le vénérable M. Victor Gautret, encore
plein de vie au moment où j'écris, malgré ses quatre-vingt-cinq
ans.

CHAPITRE II

Le lendemain donc, 4 décembre 1870, à sept heures du matin, très exactement, nous étions réunis sur la place du Château.

A cette époque de l'année, le jour se lève tard, et la silhouette de la vieille forteresse féodale, si belle dans la simplicité de ses lignes, se dresse, fière et imposante, sur le fond sombre du ciel que l'aube naissante éclaire à peine.

Après l'appel et au commandement de notre chef, nous nous dirigeons, musique en tête, suivis de nos amis et des nombreux curieux qui nous accompagnent, vers la station, alors tête de ligne, où chauffe le train qui doit nous emmener.

Au dernier moment, un envoyé de la sous-préfecture vient informer notre chef de détachement que, au grand regret de M. Pineau, les pièces relatives à notre mise en route, qu'il avait promis de nous faire apporter à la gare, ne pourront nous être remises que plus tard, par suite de circonstances imprévues qui en ont retardé la régularisation.

Au point où en sont les choses, ce contretemps nous contrarie beaucoup. Nos adieux sont faits, nous avons pris congé de tout le monde. Et puis, on nous a déjà raillés sur les lenteurs de notre entrée en campagne, et nous avons hâte de nous éloigner.

Mais, avec son obligeance habituelle, le chef de gare, M. Grandhomme, nous tire d'instance, en nous permettant de partir quand même, s'offrant à nous faire remettre les papiers en question par le train suivant, à Mosnac, la première station, où nous pourrons l'attendre.

Le signal du départ se fait entendre enfin, la musique entonne un dernier air, le *Chant du départ*, et le train démarre, nous entraînant pendant que, par les portières, nous envoyons de la main un dernier adieu à nos parents et à nos amis.

Nous allons à Poitiers, où des ordres doivent nous être donnés au sujet de notre affectation définitive.

Quelques minutes se sont écoulées et nous sommes à Mosnac.

Maintenant, il va nous falloir rester plus de trois heures dans ce pays, tout à fait dépourvu de charme à cette époque de l'année, où, par surcroît, nous ne connaissons personne ; et, pour rompre l'ennui d'une aussi longue attente, nous prenons la résolution de pousser jusqu'à Saint-Genis-de-Saintonge, chef-lieu du canton, à une lieue de là environ, où quelques-uns d'entre nous ont des amis. Nous y déjeunerons.

Malgré l'époque avancée, le temps est resté doux jusque-là. Le ciel est couvert, cependant, bas, et quelques gouttes d'une pluie froide tombent pendant le chemin. Mais nous sommes loin de pressentir le changement radical qui, en quelques heures, va s'opérer dans la température.

Dès notre arrivée à Saint-Genis, notre fourrier va commander le déjeuner pour tout le détachement à l'hôtel Besson, vieil établissement renommé dans toute la région par l'urbanité de son propriétaire et l'excellence de ses vins.

Le repas que nous allons prendre là sera bien simple, presque frugal; il nous vaudra cependant de sévères critiques.

Les malveillants, que rien ne désarme, y verront l'image de la campagne qui va s'ouvrir pour nous : « c'est ainsi que nous allons faire la guerre, en festoyant, toujours à table, le verre à la main, etc. » Ils se sont bien trompés!

En apprenant notre présence, les amis que nous avons dans le pays sont venus nous serrer la main, fraterniser avec nous un court instant.

Le temps s'écoule ainsi, avec rapidité; le moment du départ vient nous surprendre, et c'est en toute hâte que nous devons regagner Mosnac.

Pendant notre court séjour à Saint-Genis, le

temps a subitement changé. La neige tombe à gros
flocons, et en telle abondance que, en quelques
instants, elle recouvre entièrement la terre. Déjà,
c'est à peine si nous distinguons les chemins des
champs qui les bordent; les arbres et les haies,
entièrement blancs, se confondent eux-mêmes avec
le sol, qui n'offre bientôt plus à l'œil que l'impression d'un vaste linceul étendu.

Nous avançons péniblement, aveuglés par la neige
qui tourbillonne dans tous les sens, pendant qu'un
vent acéré nous fouette le visage, en y laissant une
vive sensation de brûlure.

Cette brusque apparition de l'hiver, ces rigueurs
subites, inattendues de la température nous saisis-
sent; elles nous donnent comme une vision des
misères et des souffrances de toutes sortes qui nous
guettent et vont nous assaillir bientôt. Et nous
songeons à ceux qui, nous ayant devancés aux armées, tiennent déjà la campagne...

La station de Mosnac nous apparaît enfin, à peine
visible sous la blanche couche qui recouvre son toit.

Au loin, dans la direction de Jonzac, se fait entendre le sourd roulement d'un train en marche;
nous pressons le pas, sans mot dire.

Le bruit se rapproche; nous accélérons encore
notre allure; un coup de sifflet retentit, strident, et
le train apparaît.

Il s'arrêtera à peine. Notre sous-lieutenant court
vers le chef de train; il reçoit de lui les pièces que

nous attendons et le remercie par un mot rapide et une poignée de main; puis, prestement, nous prenons place dans les premiers compartiments qui s'offrent à nous; et, pour tout de bon cette fois, nous partons, comptant les minutes qui, peut-être pour toujours, nous éloignent du nid où l'enfance de quelques-uns des nôtres s'est écoulée, du tout petit pays ignoré où ont pris naissance nos modestes efforts en faveur de la patrie.

Aucun fait saillant ne se produisit au cours de notre voyage. Dans la soirée, à Aigrefeuille, pendant un court arrêt du train, quelques-uns d'entre nous avaient été à la recherche de vivres, et ils avaient dû payer cinq francs, au buffet, un mince poulet rôti qui, vif, n'eût pas valu un franc cinquante au marché, dans le pays.

En tenant compte du profit légitime que doit réaliser tout commerçant sur ses opérations, c'était exorbitant. Ce n'était pas la dernière fois, malheureusement, au cours de cette campagne, que nous devions constater l'âpreté au gain, la rapacité de certaines gens, que rien ne touche en dehors de leurs intérêts immédiats.

Le soir, vers onze heures, nous arrivâmes à Poitiers. Malgré l'heure tardive, la vieille cité poitevine avait encore une certaine animation. Les établissements regorgeaient d'une foule mêlée et bruyante, dont l'exubérance contrastait avec la gravité des circonstances. Peut-être nous y serions-nous arrêtés

nous-mêmes pour tâcher de recueillir quelques
nouvelles, mais les douze heures que nous venions de passer en chemin de fer nous avaient
fatigués, et nous sentions le besoin de prendre un
peu de repos.

Plusieurs d'entre nous, pris malgré tout d'un beau
zèle, et pour s'entraîner aux fatigues, disaient-ils,
voulurent aller passer la nuit sur la dure, dans un
local qu'on mettait à notre disposition, sur l'avis
qu'en avait donné le propriétaire, notre sous-préfet
lui-même, M. Pineau. Les autres, estimant, à tort
peut-être que si, à la guerre, il faut prendre allé-
grement les privations et les misères lorsqu'elles
s'imposent, il convient aussi de ne pas les préférer
au bon temps quand il s'offre à portée, allèrent
chercher un peu au hasard des couches moins
dures.

A ce moment-là, les transports de la guerre,
surtout aux abords des principaux théâtres d'opérations, absorbaient toute l'activité des chemins de
fer; et nous dûmes attendre deux jours à Poitiers
un train qui pût nous conduire à Tours, où nous
devions recevoir notre armement et des ordres
définitifs quant à notre affectation.

Poitiers, comme la plupart des villes de garnison
à cette époque, offrait à l'œil un spectacle peu banal.
Ce n'était qu'un incessant va-et-vient de militaires
de tous corps et de toute provenance; les uns
gagnant leurs dépôts, les autres attendant des

ordres, ou bien courant à la recherche de leurs corps
déjà en campagne.

A Poitiers même, point de réunion des mobilisés
de la région et centre de formation d'un corps franc
qui, comme nous, n'attendait plus que des instructions pour partir, se trouvait le dépôt des volontaires
de l'Ouest (zouaves pontificaux).

C'est avec une vive curiosité, un réel intérêt que
nous examinions dans leur coquet et très martial
uniforme les volontaires de ce corps d'élite, dont
une fraction, concurremment avec d'autres troupes
— infanterie de ligne, mobiles et francs-tireurs —
s'était si héroïquement sacrifiée quelques jours
auparavant, le 2 décembre, à Loigny.

Son premier bataillon, seul engagé dans l'affaire,
avait perdu là une grosse partie de son effectif; ses
meilleurs éléments y avaient été frappés, le colonel
de Charette, chef de la légion, en tête.

Nous professions, assurément, des opinions très
opposées à celles qui devaient avoir cours aux
zouaves pontificaux; et, malgré cette circonstance,
qui est trop souvent une cause d'éloignement entre
gens que certaines divergences n'empêcheraient
pas de s'aimer, de s'estimer tout au moins, s'ils
pouvaient s'approcher et se connaître, nous nous
sentions attirés vers ces braves gens. Leurs officiers
surtout avaient grand air et nous en imposaient.

Nous n'en ressentions que plus vivement l'ennui
que nous causaient l'hostilité latente, le dédain que

nous devinions chez eux, et que trahissait, entre autres, l'ironique correction avec laquelle, en général,
leurs gradés nous rendaient le salut; et une fois
même les choses avaient été sur le point de se gâter.

C'était le lendemain de notre arrivée à Poitiers.
Nous avions été déjeuner au nombre de cinq ou six
à l'*Hôtel de France,* sur la place d'Armes.

Le repas était déjà commencé, et la table d'hôte
à laquelle nous devions prendre place était occupée
en partie par des personnes de conditions différentes, parmi lesquelles un certain nombre de
sous-officiers et de volontaires des zouaves pontificaux, groupés.

Après avoir salué militairement, nous nous étions
dirigés vers les places restées libres; mais, au
moment où, après avoir suspendu nos chapeaux aux
porte-manteaux de la salle, nous allions nous asseoir,
un sergent-major des zouaves, décoré des médailles
de Crimée et d'Italie et de la Légion d'honneur,
avait renversé en avant, le dossier contre le bord
de la table, le siège qui se trouvait à sa portée,
comme pour établir une séparation entre nous et
son groupe.

Il n'y avait pas à s'y méprendre, l'attitude et l'affectation marquée du geste dénotaient en toute évidence une intention désobligeante pour nous, et,
nous interrogeant du regard, nous nous demandions
ce que nous allions faire.

Le plus âgé d'entre nous, Prunier, était un

homme de trente-six ans, grand, svelte, à l'allure
dégagée, dont une barbe noire, fine et soyeuse, enca-
drait le visage brun, au ton chaud. La correction
parfaite de la tenue, l'aisance des mouvements, la
physionomie, tout chez lui éveillait la sympathie et
décelait la virilité.

Après quelques secondes d'hésitation, bien maître
de lui, il avait fait un pas vers l'auteur de la manifestation ; les deux hommes s'étaient regardés bien
en face, sans irritation apparente, froidement, puis
notre ami avait plié légèrement les épaules et
s'était assis, nous invitant du regard à en faire
autant ; tout cela simplement, et sans mot dire.

Pour qui sait lire dans ces scènes muettes, il était
évident que notre soumission apparente au fait dont
nous pouvions nous plaindre avec raison ne procé-
dait nullement de la crainte ni d'aucun autre sentiment pusillanime, mais seulement de la volonté
réfléchie d'éviter tout éclat entre gens qui avaient
mieux à faire que de se quereller.

La chose fut-elle ainsi comprise ? Nous avons cru
pouvoir le penser ; car, durant tout le repas, les
zouaves nous observèrent avec une curiosité discrète
et plutôt sympathique. En outre, le jour même,
dans l'après-midi, nous étant retrouvés au café de
la *Comédie* à côté de zouaves, parmi lesquels quelques-uns de ceux qui avaient assisté à la scène du
déjeuner, nous les avons vus se rapprocher de nous
et nous amener, par les questions qu'ils nous posè-

rent courtoisement sur notre pays d'origine et notre destination, à converser; et nous passâmes ainsi avec eux quelques instants fort agréables, au cours desquels les préventions qu'ils nous avaient précédemment marquées nous semblèrent avoir disparu.

Nous quittâmes Poitiers le 7 décembre, vers onze heures, par le premier train de voyageurs qui fut formé pour la direction de Tours.

Il est difficile de se faire une idée de l'encombrement qui régnait sur toutes les lignes et aux abords des gares à cette époque; et une seule chose peut surprendre quand, par la pensée, on revoit tout cela aujourd'hui, c'est que chaque jour n'ait pas été marqué par une catastrophe.

Les trains, chargés de matériel ou revenant à vide suivant leurs directions, se succédaient pour ainsi dire sans intervalle, et devaient très fréquemment s'arrêter en pleine voie, pour permettre aux convois qui les précédaient de s'écouler. C'est ainsi que le train qui nous transportait mit près de six heures pour accomplir un trajet qu'on effectue d'habitude en trois heures aux allures les plus lentes; et encore, n'avons-nous pas été conduits jusqu'à Tours même. Arrivé sur le pont du Cher, le convoi stoppa et, au bout d'un moment, sur l'avis du chef de train qu'un temps assez long pourrait s'écouler encore avant qu'il ne reprît sa marche en avant, nous nous arrêtâmes au parti d'accomplir à pied la distance qui nous séparait de Tours, dont les mille lumières scintillaient là, dans la nuit, à quelques milliers de mètres devant nous.

Nous allàmes jusqu'à l'hôtel de ville, où notre sous-lieutenant entra pour assurer notre logement. On nous envoya tous ensemble au manège, près de la caserne de passage.

Qu'on se figure une rotonde immense, au faîte élevé, et dont l'étendue apparente est encore accrue par la demi-obscurité qu'y laisse régner la lueur incertaine de quelques rares falots fichés çà et là dans les murailles.

Le sol, humide comme les parois, est recouvert d'une mince couche de paille dans laquelle, péle-méle, dorment déjà deux à trois cents hommes de différents corps, parmi lesquels les *francs-tireurs de Montevideo* et la *légion hellénique.*

De lieu en lieu, émerge vaguement de l'ombre la silhouette d'un factionnaire chargé de veiller sur l'équipement et les armes qui sont déposés par tas dans des endroits désignés. L'aspect de cette salle, silencieuse, sombre et glacée, forme un contraste saisissant avec le dehors, où tout est bruit et animation.

Après avoir pris connaissance des lieux, nous allàmes par groupes à la recherche du dîner.

Le hasard dirigea nos pas vers le bas de la rue Royale, la voie principale de Tours, que remplissait à ce moment le brouhaha énorme de la foule qui s'y pressait.

Après avoir inutilement essayé de nous faire servir dans les établissements qui se trouvaient sur notre chemin, nous nous étions engagés dans la large avenue plantée d'arbres qui prolonge la rue Royale, du côté opposé à la Loire (1). Avisant un restaurant d'aspect modeste, plutôt triste, qu'un éclairage insuffisant permettait à peine de distinguer, nous y étions entrés, par simple acquit de conscience, nous attendant à nous entendre dire là encore, comme partout, qu'on n'avait plus rien à nous offrir.

Fort heureusement, il n'en avait rien été, et nous avions pu envisager enfin, la possibilité de satisfaire nos estomacs considérablement creusés par l'attente et le froid.

Nous avions pris place à la première table qui s'était offerte à nous dans la salle presque vide; et, sans plus nous soucier de ce qui pouvait se passer autour de nous, nous avions rapidement fait notre modeste menu et nous étions précipités avec toute l'ardeur d'un appétit surexcité sur le hors-d'œuvre qu'on nous avait servi, pour attendre.

Les premières exigences de la faim satisfaites, nous avions jeté un coup d'œil sur nos voisins, et quel n'avait pas été notre étonnement d'apercevoir, non loin de nous, un de nos compatriotes, Émile C..., qui, de son côté, nous regardait en souriant, dans l'attente du moment où nous finirions

(1) L'avenue de Grammont.

par le voir nous-mêmes et de la surprise que sa présence là allait nous causer !

Arrivé à Tours par le même train que nous, il rejoignait à Saint-Omer le 1er bataillon de chasseurs à pied, où il venait de s'engager pour la durée de la guerre.

Après quelques instants de causerie, et sentant le sommeil qui réclamait ses droits, nous nous étions dirigés tous ensemble vers le manège, pour y passer la nuit.

De nouveaux arrivants étaient venus grossir le nombre des dormeurs que nous y avions trouvés quelques heures auparavant, et ce ne fut qu'à grand'-peine que nous pûmes trouver un coin pour nous étendre. Les premiers occupants s'étaient emparés de toute la paille qu'ils avaient pu saisir, et ce qui en restait suffisait à peine pour nous mettre à même de masquer le sol. Nous n'en disposâmes pas moins notre couche commune aussi bien que le permettaient les éléments insuffisants dont nous disposions, et nous nous y étendîmes, sinon gaiement, au moins sans humeur, en nous serrant les uns contre les autres pour avoir moins froid, et en nous abritant le mieux possible sur nos couvertures étendues.

Malgré tout, nous sentîmes vivement toute la nuit la réalité de la situation et, de bonne heure, le lendemain, nous nous levâmes les côtes endolories, n'ayant en somme que fort peu et mal dormi.

Nous devions souffrir bien davantage par la

suite ; mais, dans le moment, nous envisagions beaucoup moins encore la dureté de la couche que l'ennui de nous étendre dans une paille qu'avaient foulée déjà des centaines d'hommes, dont la tenue et l'aspect décelaient, en général, une hygiène plus que négligée, et nous résolûmes de chercher un autre gîte plus tolérable à cet égard.

Après quelques recherches, nous découvrîmes, non loin de la gare, une auberge assez bien tenue, où nous pûmes nous abriter tous pour un prix modique.

Notre compatriote C... nous avait quittés le lendemain de notre rencontre, dans la matinée, pour poursuivre sa route, par chemin de fer, sur Saint-Omer, où il arriva au bout de quelques jours de voyage, après avoir fait maints détours. Il revint fort heureusement au pays, la paix signée, après avoir fait campagne à l'armée du Nord, sous les ordres du général Faidherbe.

Nous voici arrivés au 8 décembre et, dans les dernières semaines, de nombreux événements se sont accomplis.

C'est l'armée du Nord qui, à l'état embryonnaire encore, sous les ordres du général Farre, vient de faire parler d'elle pour la première fois, le 21 novembre, à Villers-Bretonneux, sur la Somme.

C'est, d'autre part, en Normandie, dans la nuit du 29 au 30 du même mois, le corps de l'Andelle qui, commandé par le général Briand, a surpris dans Étrépagny un corps saxon et lui a pris cent hommes et un canon.

C'est encore dans l'Est, où Cremer et Garibaldi ont mené à bien quelques opérations de détail. Sans parler de ces combats ou surprises exécutés de différents côtés par nos corps en campagne, comme le coup de main de Ricciotti Garibaldi sur Châtillon-sur-Seine, le 19 novembre.

Mais c'est surtout à Paris et sur la Loire que se sont accomplis les événements les plus considérables, ceux dont la répercussion doit se faire sentir sur les circonstances ultérieures de la campagne.

L'armée de la Loire, après son succès de Coulmiers, s'est immobilisée, ou à peu près, dans ses positions autour d'Orléans; et les Allemands, qui ne nous ont pas vu marcher sur Paris comme ils l'avaient craint tout d'abord, se sont ressaisis.

Le grand-duc de Mecklembourg, à la tête des Bavarois de von der Tann, qu'il a recueillis après l'évacuation d'Orléans, et auxquels il a adjoint deux divisions de cavalerie, a repris l'offensive.

Du 14 au 30 novembre, il a escarmouché pour ainsi dire chaque jour avec les troupes du 21ᵉ corps, dont le général Fiereck commence à peine l'organisation, et les repousse peu à peu.

Le 24 novembre, tandis que les têtes de colonnes du général Crouzat combattent sans résultat appréciable à Ladon et à Maizières, aux confins ouest de la forêt d'Orléans, contre les flanqueurs du 10ᵉ corps prussien, une partie des troupes du 15ᵉ corps français (général Martin des Pallières) se sont heurtées au nord de la forêt, à Thilleurs et à Neuville-au-Bois, contre les premiers échelons de l'armée que Frédéric-Charles amène de Metz à marches forcées et qui, l'avant-veille déjà, ont fait leur jonction avec les troupes du grand-duc, à Toury et à Janville.

Depuis quelque temps, le général d'Aurelle, qui a été investi du commandement suprême après Coulmiers, est en désaccord avec le gouvernement sur ce qu'il convient de faire.

Peu confiant dans la solidité de ses jeunes troupes, il craint de les engager prématurément dans des mouvements importants et de longue haleine. Il estime devoir temporiser et espère parvenir ainsi, en gagnant du temps, à donner à son armée la fermeté qu'il ne lui trouve pas encore.

Mais la délégation de Tours, qui sait que les Allemands concentrent et dirigent vers Orléans des forces considérables, est pressée de le voir agir.

Le 28 novembre, elle a donné au général en chef l'ordre impératif de marcher avec toute l'armée à la rencontre du général Ducrot, dont la tentative pour forcer le blocus de Paris a été annoncée comme imminente.

L'exécution du mouvement, commencé par l'aile droite, sous les ordres du général Crouzat, aboutit à l'affaire de Beaune-la-Rolande, où nous devons reculer après le succès momentané, dans Beaune même, du 20ᵉ corps, mal soutenu sur ses flancs.

Le 30, a lieu sous Paris la bataille de Villiers, où le général Renaud de Villiers est tué.

Le même jour, au nord de la capitale, à Épinay-lès-Saint-Denis, une attaque, exécutée sous les ordres de l'amiral La Roncière le Noury par la brigade Hanrion contre une division allemande, est couronnée de succès. Malheureusement, la nouvelle de cette affaire, peu importante au point de vue du résultat général, est transmise à Tours dans des termes qui font croire que le général Ducrot, victorieux, occupe Épinay près de Longjumeau, c'est-à-dire sur les voies de communication qui conduisent de Paris à Orléans; et la délégation presse l'armée de la Loire d'activer le mouvement pour lui tendre la main.

C'est alors que l'amiral Jauréguiberry renouvelle à gauche, le 1ᵉʳ décembre, le mouvement commencé sans succès la veille par la droite.

Avec le 16ᵉ corps, il attaque à Villepion une division bavaroise, la culbute et l'oblige à reculer au delà de Loigny.

Puis, le 2 décembre, se sont livrées, simultanément, les batailles de Champigny sous Paris et de Loigny sur la Loire.

A Champigny, nous avons dû céder et revenir sur la rive gauche de la Marne que nous avions pu franchir l'avant-veille; tandis que les différents corps de l'armée de la Loire, engagés sans direction supérieure, agissant isolément, sans coordination ni ensemble dans leurs mouvements, se soutenant mal les uns les autres, ont été écrasés et obligés de se retirer après avoir subi de grandes pertes.

A Loigny, entre autres, les 300 zouaves pontificaux engagés ont perdu 11 officiers et 207 hommes; les francs-tireurs de Blidah et de Tours, 60 hommes, et le 51ᵉ de ligne, 647 tués et blessés, dont 15 officiers.

Le 8ᵉ régiment de mobiles, commandé par le lieutenant-colonel Vast-Vimeux et formé des contingents de la Charente-Inférieure, notre pays, a reçu ce jour-là, à Termignier, le baptême du feu. Il s'y est comporté de la façon la plus honorable, et y a laissé 400 hommes environ. Certains de nos villages, de la région d'Archiac notamment, ont perdu là presque tous leurs enfants.

Le 4 décembre enfin, le jour même où nous nous sommes mis en route, l'armée de la Loire, vaincue, a dû battre en retraite, en deux fractions.

La fraction de gauche, sous les ordres du général Chanzy, va constituer bientôt la deuxième armée de la Loire; celle de droite, repoussée vers Gien, formera plus tard le noyau de l'armée de l'Est.

Orléans a été réoccupé par les Allemands dans la nuit du 4 au 5; et, depuis, on s'est battu dans diverses rencontres, à Chambord entre autres, où le bruit court que nos troupes ont été surprises, mises en déroute...

Toutes ces nouvelles s'étaient répandues avec rapidité. Colportées par cent canaux différents, elles nous arrivaient, confuses, enchevêtrées, grossies des commentaires de chacun, et il nous était impossible d'en dégager quoi que ce fût de précis touchant la situation générale.

Aussi bien, nous n'avions pas ce souci, et les plus mauvaises nouvelles restaient sans action bien sensible sur nous.

Nous n'attachions de signification qu'aux succès qui nous étaient signalés, sans qu'il nous vînt même à la pensée d'en rechercher l'exactitude et la portée véritable.

Toute défaite nouvelle ajoutait peu dans notre esprit aux faits de même nature que nous avions dû enregistrer déjà; nous n'y voyions que les derniers effets d'une situation transitoire, conséquence naturelle et inéluctable des premières erreurs de la campagne, et par laquelle nous nous acheminions peu à peu vers une situation meilleure. La plus petite affaire, le moindre engagement heureux, au contraire, devenait pour nous la preuve que nous nous relevions et ne tarderions pas à reprendre tout à fait le dessus. Nous avions la foi et vivions dans la pensée sincère que tout cela finirait bien, et que l'ennemi, lassé, sinon vaincu, serait bientôt contraint à repasser la frontière, comme au temps de la première République.

En fait, les choses tournaient mal, et l'angoisse

était grande chez ceux qui étaient à même de les bien connaître.

Ce qui contribuait à créer l'illusion, à l'entretenir, c'était l'animation qui régnait à Tours.

Indépendamment des nombreux étrangers, avides de nouvelles, et des fonctionnaires que la présence de la délégation y retenait, la ville regorgeait de militaires de toutes armes et de toutes conditions : fantassins, cavaliers, artilleurs de l'armée régulière, mobiles et francs-tireurs.

A côté de ceux qui revenaient des dernières affaires, et dont l'aspect plus ou moins délabré attestait les fatigues, les misères et les déboires subis, il y en avait d'autres, beaucoup trop nombreux, dont l'attitude triomphante, joyeuse, contrastait outrageusement avec celle des premiers.

On les voyait se prélasser tout le long du jour dans les établissements à la mode, se pavaner, faire les beaux et étaler partout des uniformes le plus souvent invraisemblables et recouverts d'insignes brillants qui, s'ils ne correspondaient à aucun des grades en usage dans l'armée française, accusaient du moins la puérile vanité de ceux qui s'en paraient.

Dans tout autre moment, ce spectacle nous eût peut-être divertis, mais alors, il ne répondait pas à notre état d'esprit et nous produisait l'effet contraire. Nous n'admettions pas qu'à deux pas d'où on se battait des gens armés pussent séjourner là, en si grand nombre, inactifs, avec l'unique souci de paraître et de s'amuser. Et puis, nous restions toujours en l'air, sans armes, sans munitions, nous morfondant dans l'incertitude de ce qu'on allait faire de nous, et tout cela finissait par nous attrister.

Le lendemain de notre arrivée, notre sous-lieutenant avait bien obtenu du ministre de la guerre sa commission d'officier, signée depuis quelques jours déjà et, en même temps, la promesse que nous serions armés et équipés à très bref délai; mais le jour même, Gambetta et les autres membres de la délégation, se sentant à la merci d'un coup de main, étaient partis pour Bordeaux, laissant l'ordre à tous les services de les suivre dans le plus bref délai possible.

Dès lors, on ne s'occupa plus de nous, et nous dûmes rester jusqu'à la fin de la semaine à Tours, sans instructions, sans ordres.

Nous employâmes notre temps le mieux que nous pûmes, exécutant dans les prairies qui entourent la ville, et que recouvrait alors la neige, durcie par le froid intense qui régnait, les quelques exercices que notre petit nombre nous permettait d'aborder pratiquement : les alignements, les marches, l'école de tirailleurs.

C'était un enseignement bien insuffisant sans doute; mais il nous fut des plus profitables quand même, en ce sens qu'il constituait pour chacun de nous le minimum de ce que tout homme qui aspire à combattre doit posséder pour n'être pas une unité plus encombrante qu'utile ; savoir l'habitude de l'immobilité dans le rang, l'attention, la régularité des mouvements et de la tenue ; toutes choses que les esprits superficiels considèrent comme superflues, alors qu'elles sont la base même de l'éducation du soldat et de la discipline.

Le soin que nous mîmes à acquérir ces notions élémentaires nous valut par la suite la satisfaction d'être remarqués entre tous par la correction de notre attitude, et l'exactitude toute militaire avec laquelle nous exécutions tout ce qui nous était ordonné.

Nous nous entraînâmes aussi à la fatigue, en accomplissant chaque jour des marches assez longues sur la route de Nantes, qui suit le cours de la Loire, à droite.

Tout être vivant qui fût tombé dans le fleuve en ce moment eût été infailliblement perdu, brisé, mis en pièces par les glaçons énormes que les eaux démesurément grossies charriaient, et qui, en s'entre-choquant dans leur course rapide, remplissaient l'air d'un craquement sinistre et ininterrompu.

L'avant-veille de notre départ, nous exécutâmes même une véritable reconnaissance sur la route de Vendôme, au delà du camp baraqué qu'on venait de construire entre Notre-Dame-d'Oë et Monnaie, et dans lequel, quelques jours plus tard, nos troupes ne devaient faire que passer.

Dans cette circonstance, nous nous montrâmes

mieux intentionnés que prudents ; car, n'étant pas armés, nous pouvions nous trouver à la merci des coureurs ennemis qui, déjà, battaient l'estrade et rançonnaient le pays en se rapprochant de plus en plus de Tours.

Peu de temps après, en effet, le 20 décembre, à la suite d'un court engagement, le 10ᵉ corps prussien repoussait à Monnaie une colonne de gardes nationaux mobilisés et marchait sur Tours; puis, sous le prétexte que des coups de revolver avaient été tirés sur l'un de ses détachements au moment où il s'aventurait sur le pont, les pièces d'artillerie qu'il avait établies à l'entrée du faubourg de la Tranchée, sur la route même que nous avions explorée, lançaient quelques volées d'obus sur la ville, vide de troupes françaises en ce moment, y tuant et blessant une douzaine de personnes inoffensives.

Après nos repas, nous allions passer quelques instants, à l'abri du froid, au *Café du Musée*, dans le haut de la rue Royale, non loin de l'hôtel de ville.

Nous y fîmes la connaissance de quelques volontaires des *francs-tireurs de Paris* et des *tirailleurs girondins*.

Les premiers, sous les ordres du colonel de Lipowski, ancien officier de chasseurs à pied, s'étaient signalés déjà dans maintes rencontres heureuses avec les Prussiens, notamment à Ablis, Châteaudun, Santilly, Bournonville.

C'était une troupe sérieuse, bien recrutée, bien commandée, dont l'uniforme sévère et la tenue toute militaire inspiraient pleine confiance. Ils étaient armés du chassepot.

Les *tirailleurs girondins* formaient également un très beau corps, composé en majeure partie de jeunes gens vigoureux, de belle mine, des meilleures familles de Bordeaux et de la région.

Leur uniforme se composait d'un pantalon, d'une tunique et d'un képi de couleur gris foncé, comme le nôtre; la bande du pantalon, les pattes d'épaule, le col et les parements de la tunique, de même que le turban du képi, étaient en drap noir. Leur arme était le fusil remington.

Dans un combat récent, le 29 novembre, à Varize, où, n'ayant pas pu suivre le mouvement de retraite opportunément effectué par les francs-tireurs de Paris qui combattaient avec eux, l'une de leurs compagnies, d'un effectif à peine supérieur à cent hommes, avait été détruite. Cernée dans un marais, au bas du parc, et après avoir tenu en échec pendant plus de trois heures deux régiments d'infanterie et plusieurs escadrons de cavalerie bavarois, elle avait dû se rendre en laissant sur le terrain dix tués et trente-sept blessés.

Il y avait, entre autres, aux *tirailleurs girondins,* un riche propriétaire du Médoc, M. Coiffard, dont tous vantaient la bravoure et qui, bien qu'âgé de soixante ans, s'était engagé pour la durée de la guerre. Il figurait parmi les morts de Varize.

Nous allâmes ainsi jusqu'au 11 décembre, date à laquelle tous les services de la guerre qui n'avaient pas pu partir en même temps que la délégation quittèrent Tours pour la rallier à Bordeaux, où nous reçûmes nous-mêmes l'ordre de les suivre.

La veille, dans l'après-midi, à la nuit tombante, nous avions fait la rencontre, à notre grande surprise, d'un clairon de nos mobiles, le nommé R....., des environs de Jonzac, et que nous connaissions.

Il descendait la rue Royale, sac au dos, le fusil à la bretelle, d'un pas alerte.

C'était un solide gaillard, bien découplé, sec, infatigable, de ceux qui, dans les circonstances les plus critiques, ne perdent jamais la tête. D'une moralité facile, braconnier à ses heures, audacieux, il offrait le type parfait du contrebandier.

Interrogé, il nous apprit qu'il venait de Chambord, où quatre mille hommes de la division Morandy s'étaient laissés surprendre l'avant-veille, à la chute du jour, dans la cour du château, par des Prussiens embusqués dans le parc.

Mal gardés, comme toujours, les Français n'avaient rien vu, ne s'attendaient à rien ; aussi, dès les premières décharges, la panique avait-elle été générale, et tout le monde s'était enfui, chacun tirant de son côté. Avec quelques camarades que, fatigués, il avait depuis laissés en route, il avait marché toute la nuit du 9, toute la journée du 10, se reposant et mangeant dans les fermes rencontrées en chemin ; et il arrivait à Tours, où il espérait trouver des indications touchant le point où il pourrait rejoindre son régiment en ce moment dispersé.

C'était la confirmation précise des bruits qui couraient. Seulement, le récit de notre compatriote (qui, certainement, n'en savait pas davantage lui-même) étant muet à cet égard, nous pensions encore, avec tout le monde, que la surprise de Chambord avait été exécutée par un corps nombreux de troupes allemandes. Aussi fut-ce avec une humiliation profonde qu'on apprit, à quelque temps de là, que ce fait d'armes n'avait été accompli contre nous que par deux compagnies hessoises, l'une du 4ᵉ régiment d'infanterie et l'autre du 2ᵉ bataillon de chasseurs.

Nous avions laissé à Chambord plusieurs centaines de prisonniers et cinq canons, sans compter les morts et les blessés.

Les deux compagnies allemandes, elles, y avaient perdu cinq hommes, savoir un sous-officier tué et quatre soldats blessés.

C'était honteux, lamentable !

Le même jour, dans la soirée, nous eûmes l'occasion de voir dans l'auberge où nous avions pris notre gîte quelques volontaires d'un corps franc des Pyrénées-Orientales, échappés, eux aussi, des dernières affaires.

Il n'y avait rien de particulier dans la tenue non

plus que dans l'équipement de ces hommes; leurs armes seules attirèrent notre attention.

Jusque-là, aux mains des différents corps que nous avions rencontrés, nous avions vu le chassepot, le remington, le fusil à tabatière (piston transformé), le sniders et quelques autres types encore, plus ou moins connus; mais ici nous avions sous les yeux une arme toute nouvelle pour nous. C'était le rifle américain sharps, avec baïonnette triangulaire, arme solide, bien conditionnée, un peu courte comme arme d'hast, mais facile à entretenir et d'un maniement peu compliqué, excellente, en un mot, pour des partisans.

Notre désir, dès que nous l'eûmes examinée, fut d'en avoir une semblable, et c'est précisément celle dont on nous pourvut quelques jours plus tard.

Les corps qui furent armés du rifle sharps durent être fort peu nombreux, car, depuis, nous n'en avons plus rencontré.

Quant à ces francs-tireurs des Pyrénées-Orientales dont, jusqu'alors, nous avions ignoré l'existence, nous n'en avons entendu parler, par la suite, que dans des termes assez peu favorables.

Affectés à la division de Roquebrune, du 17ᵉ corps, ils avaient donné à plusieurs reprises l'exemple d'une indiscipline complète, et avaient laissé à tous une impression fâcheuse.

Les volontaires de ce corps, à côté desquels nous

nous étions trouvés quelques instants, dans la circonstance que je viens de relater, n'avaient pas, eux,
plus mauvaise allure que d'autres.

La tenue et la valeur d'une troupe tiennent souvent à peu de chose. La façon de commander,
l'exemple des gradés suffisent, surtout dans les formations composées de volontaires, où toute tradi-
tion manque, pour imprimer à un corps le caractère
qui déterminera sa bonne ou sa mauvaise réputation. Peut-être était-ce le cas pour le corps dont
il s'agit.

CHAPITRE III

Le 11 décembre, à une heure de l'après-midi, nous étions réunis dans la cour du chemin de fer, et quelques instants après nous pénétrions, non sans peine, jusqu'aux quais de départ.

La plume est impuissante pour dépeindre le spectacle qu'offre alors la gare de Tours et ses annexes.

Toute espèce de service d'ordre a disparu. Les guichets et les quais sont littéralement bondés d'une foule innombrable, bigarrée, grouillante, qui s'agite dans tous les sens parmi les bagages, les colis, les armes, les voitures et les chevaux qui encombrent tous les passages, jusqu'aux voies elles-mêmes.

De ce fourmillement extraordinaire s'échappe le fracas assourdissant de milliers de voix humaines s'entre-croisant sur tous les tons ; de sonneries de clairons et de trompettes jetant çà et là les notes aiguës de leurs appels ; de locomotives en manœuvre, sous la masse desquelles le sol tremble et dont les coups de sifflet stridents font vibrer le toit vitré de l'immense nef.

Dans les salles d'attente, sur le sol, que recouvre à peine une mince couche de paille, au milieu des havresacs, des musettes, des armes, des fourniments et des milliers de paquets de cartouches épars, gisent les nombreux blessés que des trains spéciaux ramènent à chaque instant du théâtre de la guerre.

Autour des plus atteints s'empressent des chirurgiens et des infirmiers de toute origine, militaires, civils, sœurs de Saint-Vincent-de-Paul, frères de la doctrine chrétienne et autres volontaires de la charité, religieux et laïques. Mais ils sont en nombre insuffisant et, malgré tout leur zèle, ils ne peuvent pas répondre aussi promptement qu'ils le voudraient aux appels qui les sollicitent de maints côtés à la fois.

Dans la salle d'attente des troisièmes apparaît, assis, bien en relief, un sergent-major de chasseurs à pied d'aspect vigoureux.

Appuyé contre le siège de la banquette, son chassepot, noir de poudre, est à sa portée; sur le sol, bien rangé devant lui, son fourniment est déposé.

Silencieux, il promène un regard mélancolique sur les scènes qui se déroulent autour de lui; et on pourrait croire, à première vue, qu'il est seulement venu là pour chercher un instant de repos. Mais l'expression de douleur contenue que reflète son visage, tout autant que le long filet de sang déjà sec qui sillonne sa jambe gauche étendue, indique bientôt qu'il compte lui-même parmi ceux que le feu a frappés.

Nous causons un peu. A la bataille de Beaugency, à laquelle son bataillon a pris une part brillante, le 8, il a eu la cuisse gauche traversée par une balle et, depuis lors, à part le pansement sommaire auquel il a procédé lui-même, il n'a pu recevoir aucun soin. Il souffre, mais il attend patiemment son tour.

Mes regards sont attirés bientôt par sa giberne, dont les dimensions insolites sont au moins doubles de celles d'ordonnance. Il me dit qu'il l'a fait confectionner lui-même pour pouvoir porter sur lui le plus de cartouches possible. Il devine qu'elle me fait envie, et me l'offre obligeamment, en me prévenant toutefois que, remplie, elle est lourde.

Mais, sur le moment, le détail me paraît sans importance; j'accepte, et, après avoir remercié mon obligeant sous-officier, je lui serre la main en lui souhaitant prompte guérison et m'empresse de rejoindre mes camarades, qui, ébahis, me regardent, flanqué de mon immense giberne, que j'ai bourrée de douze paquets de cartouches ramassés sur le sol, et qui fait tendre mon ceinturon à le rompre.

Par la suite, des gens supertitieux n'eussent pas manqué d'attribuer à cette giberne des vertus maléfiques, car, ainsi qu'on le verra, tous ceux qui y touchèrent furent tués ou blessés.

Vers deux heures et demie, notre lieutenant, qui n'a cessé de surveiller ce qui se passe autour de nous, nous informe qu'un train vient d'être formé un peu en dehors de la gare, et nous entraîne rapidement de ce côté.

Ce train est le dernier qui transporte des troupes. Il se compose d'une cinquantaine de vagons à bestiaux, dans lesquels on a improvisé des banquettes au moyen de tréteaux et de planches brutes. Nous devons littéralement combattre, tant la cohue et le désordre sont grands, pour trouver place dans un vagon à tous vents où se sont déjà installés quelques malheureux blessés qu'on évacue à la hâte sur les ambulances du Midi.

Il y a aussi là un grand diable de spahi indigène, presque noir, qui, tout en grelottant sous son grand manteau rouge, montre avec insistance une paire d'oreilles desséchées qu'il dit avoir enlevées à un Prussien.

Après bien des heurts et des chocs, la masse parvient à se caser, à part quelques groupes qui doivent rester sur le quai faute de place, et, vers quatre heures, le convoi s'ébranle enfin, lourdement, et nous voilà partis.

Le lendemain, 12 décembre, dans la matinée, après un voyage de dix-huit heures, au cours duquel nous eûmes à souffrir horriblement du froid, nous arrivâmes à Bordeaux, rompus et transis.

Au bout de quelques jours, on nous distribua des havresacs, des bidons et des effets de campement, toiles, cordes, piquets de tente et ustensiles de cuisine. Les armes vinrent un peu plus tard, ainsi que le porte-baïonnette.

Le fourreau de baïonnette lui-même manquait, et nous le fîmes confectionner à nos frais, en zinc mat, pour éviter le miroitement qui à distance trahit souvent la présence de l'homme armé.

Nous en profitâmes pour faire refaire par l'industriel à qui nous avions confié ce petit travail les soudures de nos bidons qui, comme le plus grand nombre des objets de toute nature distribués aux troupes à cette époque, étaient mal confectionnés et ne retenaient pas le liquide qu'on leur confiait.

Ils sont légion les fournisseurs mauvais citoyens qui, en 1870, se sont enrichis en exploitant les malheurs de notre pays.

A ce sujet, un organe étranger, peu suspect de tendresse pour la France, le *Times* de Londres, s'écriait, après la guerre, « qu'il n'y aurait jamais de potences assez hautes pour pendre tous ces industriels qui n'ont pas craint de s'enrichir en volant leur patrie. »

En raison de la rigueur de la température, notre lieutenant avait aussi obtenu pour nous, de l'intendance, vingt capotes de mobilisés.

Ces effets, en drap noir de très mauvaise qualité, nous rendirent service cependant; mais, tirés du tas au petit bonheur, distribués en bloc sans essayage préalable, ils étaient de trop grande taille et n'allaient vraiment d'une manière passable qu'à quelques-uns d'entre nous.

Je tombai, pour ma part, sur une capote dans laquelle un cuirassier se fût trouvé à l'aise, où je disparaissais complètement, et dont je ne consentis à m'affubler qu'une fois en campagne.

Je m'y habituai sans peine et passai volontiers alors sur les imperfections de la façon; car, par son ampleur même, cet effet me protégeait contre les froids terribles qui marquèrent cette époque. Aussi, le regretterai-je vivement lorsque j'en serai privé, peu de temps après avoir pu en apprécier tous les avantages, par suite de l'idée malencontreuse que j'eus un beau matin, à Saulieu, de le laisser avec d'autres objets dans notre logement, où je comptais pouvoir venir reprendre le tout le soir même. Mais, nous ne revînmes plus dans ce gîte de quelques heures, et je dus achever la campagne, n'ayant plus pour me couvrir, la nuit et pendant nos marches, que l'insuffisant abri de ma couverture ouverte, au milieu, d'un coup de couteau, en guise de *puncho*.

En campagne, le partisan ne doit jamais se séparer des objets qui lui sont utiles; car, tout est incertain dans l'existence qu'il mène, et il n'est jamais assuré de se retrouver le soir où il était ou croyait se rendre le matin. Mais, alors, nous n'en savions pas plus long que cela...

Nous sommes restés jusqu'au 27 décembre dans la grande et belle capitale de la Guyenne.

Nous y avions retrouvé, dans un cadre singulièrement agrandi, plus brillant, l'animation et les scènes déjà vues à Tours; les mêmes uniformes délabrés et souillés chez les uns, flambants neufs et capricieusement galonnés chez les autres; les mêmes amateurs de parades et de plaisirs.

A voir cette masse hétéroclite, à laquelle s'ajoutait encore une garde nationale nombreuse, comprenant des corps d'infanterie, de cavalerie et d'artillerie, manœuvrant sur toutes les places publiques et les boulevards, et défilant à toute heure du jour, tambours, trompettes et musiques en tête; à voir cette foule bariolée, bruyante et joyeuse qui, la nuit, remplissait les établissements publics, cafés, théâtres, restaurants et concerts, il était difficile de croire que le pays, jouant à ce moment la partie suprême, s'apprêtait à brûler ses dernières amorces.

Nous pouvons nous rendre cette justice que si, pendant le séjour forcé de près de trois semaines que nous fîmes à Bordeaux, nous avons cédé aux influences ambiantes et sacrifié aux plaisirs qui s'offraient à nous de toutes parts, nous n'y avons mis aucune passion, aucune ardeur. Ce fut avec satisfaction, au contraire, que le 24 décembre, veille de Noël, nous reçûmes l'avis que notre départ était fixé au surlendemain.

Nous venions de recevoir 4,000 cartouches, ce qui nous assurait 200 coups par fusil. Le quart de cet approvisionnement nous avait été distribué et nous avions fait l'acquisition d'un ânon pour porter le reste, qui constituait notre réserve.

Depuis quelques jours, un événement s'était produit qui nous avait causé quelque inquiétude, voire du mécontentement. Une décision ministérielle, signée du général de Loverdo, nous avait adjoints aux *francs-tireurs républicains de Bigorre*, avec lesquels nous dûmes marcher constamment désormais.

Cette circonstance ne nous donna par la suite aucun sujet de plainte, et l'impression première fut vite effacée.

Le corps des *francs-tireurs de Bigorre*, recruté, comme son nom l'indiquait, à Bagnères et dans les environs, renfermait d'excellents éléments. C'étaient de braves gens, parmi lesquels, à côté de quelques anciens militaires, se rencontraient de jeunes et vigoureux montagnards, aptes à toutes les fatigues et desquels, dans la guerre d'embuscade, on pouvait beaucoup attendre.

Ils étaient vêtus de grosse bure brune, l'un des produits textiles de leur pays, coiffés d'un chapeau de feutre noir et chaussés de solides brodequins que recouvraient de hautes guêtres de drap noir se boutonnant jusqu'aux genoux.

Ils formaient une compagnie de 60 à 70 hommes, commandée par le cadre normal de la compagnie d'infanterie d'alors, plus un adjudant, et étaient armés du fusil chassepot du modèle réglementaire.

Le 26 décembre au soir, vers six heures, nos deux troupes réunies s'acheminèrent vers la gare de la Bastide.

Nous venions de *Solferino*, guinguette en chômage du boulevard du Tondu, où nous avions passé sur la paille nos dernières nuits, après avoir occupé pendant quelques jours le *Petit Versailles*, autre établissement de la même catégorie situé à l'extrémité de la rue Mouneyra.

La marche fut longue et pénible, car nous étions pesamment chargés et le sol était très glissant.

A sept heures précises, nous partîmes, ayant pour destination Autun, où se trouvait le quartier général de Garibaldi, sous les ordres de qui le gouvernement venait de nous placer.

Le froid était intense. Le thermomètre marquait 20° au-dessous de zéro et, pendant le voyage, la nuit surtout, nous endurâmes de cruelles souffrances, bien que nous fussions transportés dans des wagons de deuxième classe.

Le lendemain, 27, juste vingt-quatre heures après notre départ de Bordeaux, après avoir subi en chemin de nombreux arrêts, nous arrivions à Moulins et devions nous y arrêter. La voie ferrée ne suffisant plus aux transports des vivres et des munitions destinés à l'armée de l'Est, on avait dû se résoudre à suspendre pendant quelques jours le service des voyageurs.

Dans la cour de la gare, se trouvait un détachement de carabiniers (corps supprimé après la guerre), qui se rendaient dans l'Est pour concourir à la formation de la cavalerie du général Bourbaki.

C'étaient des hommes superbes dans leur grand manteau rouge, sous lequel scintillait par échappées le soleil de cuivre qui ornait le devant de la cuirasse. Ils se morfondaient sous la neige et la bise, en attendant des ordres, près de leurs chevaux au piquet, dont quelques-uns gisaient là, sur le sol, tués par le froid.

La température baissa encore les jours suivants. Le thermomètre descendit à 23 puis à 25 degrés. À peine restait-on quelques secondes dehors que le sang jaillissait des oreilles fendillées sous le froid; puis, instantanément, la neige qui tombait sans cesse à gros flocons et s'accrochait aux cheveux et à la barbe se congelait, formant à chacun comme un capuchon et un masque de glace. Jamais, de mémoire d'homme, on n'avait vu d'aussi grands froids dans le pays. Les éléments s'unissaient contre nous durant cette campagne désastreuse.

L'avant-veille de notre départ de Moulins, le 31 décembre, de bon matin, nous avions été essayer nos armes au champ de tir de la garnison, lequel se trouvait alors dans les terrains vagues qui bordent la rive gauche de l'Allier, en aval. Les cibles, que nous prêtaient obligeamment les lanciers, dont le dépôt était à Moulins, avaient servi peu de temps auparavant et, pendant qu'on les remettait en état, nous nous étions abrités au bout du pont, non loin du quartier de cavalerie, dans une auberge de très modeste apparence où quelques pauvres militaires de différentes armes, souffreteux et déguenillés, se chauffaient.

Nous avions apporté avec nous quelques provisions et les avions attaquées de bon appétit, après nous être fait servir du vin, lorsque quelques-uns d'entre nous s'aperçurent, aux regards éloquents qu'ils lançaient à nos vivres, que les malheureux qui étaient là avaient faim. Nous les conviâmes aussitôt à partager notre modeste repas, ce qu'ils firent avec un joyeux empressement. Il faut avoir vu et enduré de semblables misères pour savoir ce qu'elles ont de cuisant, de douloureux.

Cependant, il était entré dans la salle où nous nous trouvions un jeune soldat de la ligne suivi de deux vieux zouaves à la mine énergique. Les pipes avaient été bientôt bourrées, on avait trinqué à la ronde, et la conversation était devenue générale et animée entre ces hommes qui ne s'étaient jamais vus, ne devaient jamais plus se revoir, et que réunissaient seules, un court instant, les circonstances terribles du moment.

L'aspect de cette partie de l'auberge ne devait pas être banal : nous formions des groupes pittoresques et animés ; et le spectateur eût pu se croire en présence de l'une de ces scènes de taverne comme certains peintres, Salvator Rosa entre autres, ont excellé à en reproduire…

Mais on vint nous informer bientôt que les cibles étaient prêtes, et nous allâmes brûler chacun six cartouches à 200 et à 300 mètres.

Bien que ce tir fût le premier que nous eussions exécuté, le résultat en fut satisfaisant et nous affermit dans la confiance que nous avions dans nos armes.

La compagnie de Bigorre ne prit pas part à cet exercice.

Nous sommes partis de Moulins le 2 janvier 1871, au matin, emportant un bon souvenir de cette ville, où nous avions été reçus avec cordialité.

Il faisait toujours très froid et la neige tombait en abondance.

En montant en wagon, nous apprîmes qu'un train venant de Saint-Sulpice-Laurière avait déraillé pendant la nuit. Par un prochain convoi, on devait amener à Moulins une vingtaine de morts et de blessés.

Dans le train qui devait nous transporter se trouvait un franc-tireur de Paris, nommé de W… Blessé à Châteaudun, il sortait de l'ambulance d'Avignon et ne savait où rejoindre son corps, qui, pensait-il, devait se trouver dans l'Ouest. Sur son désir, nous nous l'adjoignîmes.

C'était un excellent garçon, plein de bonne volonté; mais, d'une constitution défectueuse, il ne put prendre aucune part utile aux derniers travaux de la campagne et dut rester presque constamment dans les hôpitaux.

Déjà, à Bordeaux, pour remplacer l'un des nôtres, Pâquereau, que son état de santé venait de contraindre à rentrer au pays, où il mourut quelques semaines après, nous avions recueilli un jeune volontaire égaré d'une compagnie franche du Gard. Celui-là, par exemple, avait été pour nous une recrue détestable.

Bien que doué d'une santé robuste et qu'il fût ainsi apte à supporter toutes les fatigues, il manœuvra constamment de façon à éluder toute peine et tout danger. Il profitait du plus léger prétexte pour rester en arrière, se faisant ensuite véhiculer par les voitures réquisitionnées à l'usage des malades, et disparaissait à la moindre alerte pour reparaître quand tout était rentré dans l'ordre.

Depuis Bordeaux, il s'était fait suivre de deux gros chiens, qu'il avait baptisés Bismarck et Guillaume. A Moulins, il les avait vendus et, avec leur prix, s'était procuré une très belle oie que nous avions mangée tous ensemble le 1ᵉʳ janvier. Ce fut l'unique service qu'il nous rendit. Il avait fini par nous inspirer du mépris, et nous nous disposions à nous en débarrasser lorsque la campagne prit fin.

Après avoir voyagé toute la journée, avec une lenteur extrême, ayant perdu du temps un peu partout, à Nevers, notamment, nous dûmes nous arrêter à Étang-sur-Arroux (Saône-et-Loire) un peu après la chute du jour.

Pendant le trajet, des francs-tireurs de Bigorre avaient eu l'idée enfantine et malencontreuse de tirer des coups de fusil sur les corbeaux dont les bandes innombrables sillonnaient alors le ciel et couvraient le sol. Un officier général, qui voyageait par le même train que nous, n'avait pas goûté cette fusillade intempestive et, pour nous punir, avait intimé à nos chefs de détachement l'ordre de descendre à Étang, pour, de là, gagner Autun à pied.

Des billets de logement collectifs nous avaient donc été délivrés dans cette petite localité pour passer la nuit : l'un pour la compagnie de Bigorre, et l'autre pour nous.

Le nôtre nous envoya chez M. L'H... de M..., dont le château se trouvait à la sortie du village, au delà de l'église, sur la route de Saint-Didier.

Nous fûmes logés dans les écuries, très proprement tenues, et que le propriétaire fit abondamment pourvoir de bonne paille fraîche à notre intention,

Nous étions tombés chez un bon Français, l'un de ces hommes que les malheurs de leur patrie ont émus, et que le dénuement de ceux qui lui avaient offert leur vie ne laissait pas insensibles.

J'aurai l'occasion de reparler de cet homme de bien qui, alors que beaucoup de portes se fermaient devant l'infortune, sut obliger avec délicatesse ceux que le sort trahissait.

Le lendemain, 3 janvier, à dix heures du matin, nous allions rejoindre les francs-tireurs de Bigorre devant la gare, et nous nous mettions en route pour Autun.

Un verglas très glissant couvrait les chemins; nous étions lourdement chargés et nous n'arrivâmes qu'après une marche très fatigante de cinq heures. En route, aux approches d'Autun, nous avions croisé des corvées de volontaires de différents corps, parmi lesquelles quelques chemises rouges, des garibaldiens proprement dits, des Italiens, les premiers que nous eussions l'occasion de voir.

On nous envoya loger au château de Rivault, situé dans la montagne, à quelques centaines de mètres de la ville, au sud.

La montée à travers la ville pour nous y rendre fut rude, la neige congelée qui couvrait les rues tortueuses d'Autun venant ajouter aux difficultés naturelles du chemin; aussi, n'en est-il pas un seul parmi nous qui ne soit tombé dix fois pendant cette pénible ascension.

Nous arrivâmes au gîte exténués, bien que l'étape

entière eût à peine été de vingt kilomètres. Mais
c'était notre première marche un peu sérieuse, avec
tout l'attirail de campagne ; et tous ceux qui ont
porté le sac chargé savent combien la première
épreuve en est pénible.

La propriétaire de Rivault, Mme de Villefranche,
cousine du maréchal de Mac-Mahon, nous dit-on à
tort (1), et dont la demeure était déjà occupée par
un détachement d'artillerie et quelques autres troupes, nous fit dire que toutes les pièces du château
étaient encombrées. Déconcertés, nous nous disposions déjà à redescendre à Autun pour y chercher
un autre gîte, lorsque l'on découvrit une sorte de
grenier à tous vents où se trouvait un peu de paille.
Nous prenions nos mesures pour y passer la nuit,
quand Mme de Villefranche vint elle-même nous
voir et déclara à notre lieutenant que, contrairement
à ce qu'elle avait pensé, elle pouvait encore disposer de deux petites chambres bien abritées dans
lesquelles se trouvaient un certain nombre de
matelas. « Je mets ces pièces, dit-elle, à la disposition de ceux que les chefs désigneront, car, à mon
grand regret, elles ne pourront pas abriter tout votre
monde, mais une dizaine d'hommes seulement. »
Je figurai parmi les élus.

(1) La comtesse, née Élisabeth-Claire d'Estampes, était veuve
de Henri Tulle, comte de Villefranche, décédé à Cannes le
15 septembre 1864 ; elle n'était pas alliée à la famille du maréchal. (Renseignement dû à l'obligeance de M. le maire d'Autun,
en 1900.)

Ce soir-là, ce fut le peloton de Jonzac qui fournit le poste de police.

La consigne était très sévère, et il était défendu, sans le mot d'ordre, de laisser pénétrer qui que ce fût au château, qui constituait une forte position défensive qu'on était en train d'organiser.

Ce détail, le soir même, amena un incident insignifiant par lui-même, mais qui emprunta aux circonstances une saveur particulière pour nous.

Une fois notre rapide installation au château achevée, ceux de nos camarades qui devaient prendre la garde s'étaient immédiatement rendus au poste, qu'on avait placé dans une vieille construction, aux abords de Rivault, dans le chemin planté d'arbres qui y conduit. Les autres s'étaient dirigés vers Autun, dans la pensée d'y trouver quelques vivres, car nous avions tous grand'faim.

La nuit, tôt venue, était fort sombre, et il était impossible de reconnaître quelqu'un à deux pas.

A peine étions-nous installés dans la première auberge rencontrée non loin de notre gîte, et d'où nous venions d'envoyer à nos camarades de garde de quoi dîner, une bonne platée de soupe aux choux toute fumante, du pain, du vin et un copieux morceau de lard, que nous vîmes entrer un capitaine et un sergent-fourrier de la garde nationale.

Le capitaine, recouvert d'un caban, affublé de lunettes bleues, d'un ample cache-nez et de sabots, s'avançait, courbé, transi, en toussant, quinteux;

tandis que le sergent-fourrier, plus jeune, grand, droit, vigoureux, bien pris dans son uniforme, contrastait avec l'allure si peu martiale de son chef par tous les signes de la force et de la virilité.

Quel ne fut pas notre étonnement en reconnaissant dans ces personnages, que guidait l'un des nôtres, deux de nos compatriotes, deux Jonzacais bien connus de la plupart d'entre nous, MM. Métoyer et Cartaud!

Chargés par le comité qui avait pourvu à notre habillement de nous apporter quelques subsides et divers objets à notre usage, ils nous suivaient, à la piste, depuis Bordeaux, et étaient arrivés à Autun quelques instants après nous. Ils s'étaient mis à notre recherche aussitôt, ce qui n'avait pas été pour eux sans offrir de grandes difficultés, Autun étant alors bourré de troupes; et ils désespéraient déjà de réussir, lorsqu'ils avaient appris que des francs-tireurs répondant à notre signalement venaient d'entrer en ville et avaient été envoyés à Rivault.

Vite ils s'étaient fait conduire de ce côté, et c'est en cheminant dans l'obscurité, à tâtons pour ainsi dire, qu'ils étaient venus se heurter à notre poste de police, où ils avaient essuyé le vigoureux « qui vive »? de notre sentinelle, dont la silhouette s'était dressée en même temps devant eux, dans la nuit. Interloqués par la brusquerie de l'apparition, ils s'étaient arrêtés, hésitants, ne sachant que dire ni que faire; tandis que l'autre, qui les avait inter-

pellés avec la fermeté d'un vieux soldat et les tenait
au bout de sa baïonnette, finissait par les reconnaître
à la faveur d'un rayon de lumière échappé du poste.

Le factionnaire était Louis Masson, l'un des
plus énergiques d'entre nous, qui devait se distinguer
à quelque temps de là, et payer d'une grave blessure à l'épaule gauche sa bravoure et sa témérité
devant l'ennemi.

L'arrivée de nos concitoyens, auxquels, à son
grand regret, Louis Masson n'avait pas pu se joindre,
nous causa le plus vif contentement. C'était comme
une évocation de la Saintonge qui nous venait là,
et, avec elle, les douces et mystérieuses sensations
que suscite le souvenir du pays natal.

Notre modeste repas se ressentit favorablement
de la présence des nouveaux venus, qui le partagè-
rent en y faisant ajouter quelques bouteilles de vieux
vin. Puis, après quelques instants de causerie, nous
les emmenâmes à Rivault, où ils passèrent la nuit
dans les mêmes conditions que nous.

Le lendemain, dès le jour, nous allâmes, par
groupes, faire une courte excursion dans la montagne, au sommet de laquelle on accédait par un
sentier bordé de cèdres très hauts.

De lieu en lieu, nous rencontrions de petites
sources dont les eaux bruissaient doucement sous
les branchages morts qui jonchaient le sol.

Au faîte de la colline se trouvait une hutte faite
d'abatis qui servait de poste à un détachement du

génie. Nous dominions de ce point une étendue considérable. A droite et bien au-dessous de nous, Autun apparaissait dans tous ses détails. Nos yeux plongeaient dans ses rues tortueuses où grouillaient en grand nombre des militaires de toutes armes.

Tout en bas, à gauche, se dessinait, isolée, la gare d'où s'élançait le double ruban de la voie ferrée allant se perdre aux deux extrémités dans les plis du terrain. A mi-hauteur du versant que nous avions devant nous, une cinquantaine d'hommes du génie creusaient des tranchées et préparaient l'établissement de batteries d'artillerie destinées à la défense de la place, en prévision d'une nouvelle attaque.

Le 1er décembre, en effet, un corps d'infanterie, avec de l'artillerie, détaché de la division badoise du général de Werder, était venu attaquer Autun.

L'ennemi avait été repoussé, mais l'alerte avait été chaude ; et, du côté de la défense, il s'était produit des faits regrettables qui étaient venus aggraver et mettre en évidence les divisions qui couvaient au sein même de l'armée garibaldienne, et régnaient déjà entre elle et la majeure partie de la population.

Nous sommes, dans ce pays, sur un terrain des plus brûlants, où s'agitent et se heurtent les passions opposées les plus vives ; où la vérité a été obscurcie dès l'origine par le parti pris réciproque des adversaires, et la violence des attaques qu'ils échangent sans répit.

Il apparaîtra toujours aux bons esprits, aux cœurs droits et patriotes que, lorsque l'ennemi foule le sol national, tout doit céder devant la nécessité de la défense.

Les opinions politiques de chacun, ses antécédents, hors le cas d'indignité constatée, importent peu ici; il ne faut plus voir que les bras qui s'arment, les poitrines qui s'offrent; et l'unique souci des hommes au pouvoir, de tous ceux qui détiennent une part quelconque d'autorité, doit être de ne s'en servir que pour créer, organiser et diriger les masses armées qu'il s'agit d'opposer à l'envahisseur, de les rendre aptes au plus haut degré possible au rôle qui leur est dévolu. Or, ce résultat ne peut être obtenu que par l'apaisement des esprits dans une même préoccupation patriotique, apaisement sans lequel il est impossible aux uns comme aux autres de se maintenir dans la nette et constante vision du but unique à poursuivre.

Malheureusement, il n'en est pas toujours ainsi. Si l'on rencontre, dans tous les partis et à tous les degrés de l'échelle sociale, des hommes chez lesquels rien n'obscurcit la saine notion des choses, qui savent toujours placer l'intérêt général au-dessus des intérêts particuliers, il s'en trouve beaucoup d'autres dont la conception est toute différente. Et ce sont ces derniers qui viennent compliquer, rendre si difficiles et souvent stériles les efforts des autres.

Dans le département de Saône-et-Loire, en 1870, surtout dans l'arrondissement d'Autun, les esprits, toujours surexcités, n'ont jamais joui de cette paix féconde. La majorité y était conservatrice, nettement opposée à l'idée républicaine et trop disposée, comme la minorité, du reste, à se maintenir, malgré la présence de l'ennemi, sur le terrain des luttes politiques.

Les représentants du pouvoirs dans la région, après le 4 Septembre, n'ont peut-être pas suffisamment compris eux-mêmes que la gravité des circonstances rejetait la politique au dernier plan, et que, plutôt que de tomber dans l'erreur commune aux anciens partis en entretenant la lutte, leur unique souci eût dû être de pacifier l'opinion, d'atténuer les heurts et les chocs, de grouper toutes les bonnes volontés, sans acception de principes, en vue de la défense.

Il eût fallu, il est vrai, pour cela, une connaissance approfondie du milieu, des hommes qui s'y mouvaient, et, par-dessus tout, de la modération, du tact et de la mesure. La tâche ainsi comprise n'en eût été que plus grande et plus féconde. Malheusement, si ces qualités se rencontraient chez quelques-uns des administrateurs et des fonctionnaires issus du régime nouveau, elles manquaient chez beaucoup d'autres.

Il en résulta un incessant état de lutte, de froissements, de malentendus et de malaise.

La presse, dans tous les camps et sans transition pour ainsi dire, se montra d'une violence extrême ; et l'on en arriva, dès les premières passes, à cet état d'esprit, source d'iniquité et d'impuissance, qui pousse ceux qui en sont animés à ne plus rien tolérer chez l'adversaire, à travestir tous ses actes, à prendre sans examen le contre-pied de tout ce qu'il dit, fait ou propose.

Et aucun parti n'a de reproches à adresser aux autres dans cet ordre d'idées ; tous, à l'envi, se montrèrent passionnés et injustes, assumant ainsi devant l'histoire impartiale les mêmes responsabilités dans les difficultés du moment, difficultés qu'ils ont alimentées du mieux qu'ils ont pu par leurs discordes et leurs violences.

Les choses étant telles, on comprendra sans peine l'effet que dut produire, dans ce milieu surchauffé, au lendemain de Castelfidardo et de Mentana, l'arrivée de Garibaldi, du bruyant champion de la République universelle, de ce vieux contempteur impénitent de la papauté et de l'Église. Ce ne fut pas l'huile sur le feu, mais le feu lui-même mis aux poudres, l'embrasement final...

Je n'ai ni le loisir, ni l'intention de m'étendre ici sur la grave question de savoir si ce fut un bien ou un mal d'utiliser les services de Garibaldi en 1870.

Je tiens à me renfermer dans les strictes limites d'une narration simple et véridique de faits vus et vécus. Il me semble permis de dire, cependant, que, si les graves conjonctures du moment ont pu conseiller au gouvernement de la Défense nationale de ne pas repousser le concours d'un homme comme Garibaldi, jouissant aux yeux de beaucoup d'une renommée prestigieuse, et dont le nom sonnait si haut dans l'imagination populaire, il était indispensable de faire que son action fût exclusivement militaire et nullement politique.

Garibaldi, nous aidant à combattre l'envahisseur et bornant là son rôle, avait droit à la sympathie de tous les bons Français; mais il ne devait pas apparaître comme se mêlant à la lutte des partis. Chef militaire investi d'un commandement conforme à ses aptitudes, il eût été accepté du plus grand nombre. Chef de parti, agent actif d'un principe politique quelconque, il manquait à son rôle véritable, se signalait aux entreprises des adversaires ardents qui le guettaient, nuisait à sa tâche et exposait aux coups qui le visaient personnellement les braves gens, plus nombreux qu'on ne croit, qui, sans acception d'opinion, servaient sous ses ordres et y faisaient leur devoir.

C'est ainsi que, la passion aidant, tant de gens en sont promptement arrivés à penser et continuent de croire que l'armée de Garibaldi n'était qu'un ramassis d'aventuriers sans valeur ni patriotisme. Là, comme ailleurs, une minorité peu nombreuse mais bruyante a discrédité la masse silencieuse et dévouée.

En dehors des corps composés d'étrangers : Italiens, Grecs, Polonais, Espagnols, etc., et qui, dans leur ensemble, n'étaient pas eux-mêmes si mauvais qu'on l'a prétendu, on voyait des formations de toute origine à l'armée des Vosges, jusqu'à d'anciens volontaires de l'armée pontificale.

Dans la 4ᵉ brigade (1), en effet, que commandait le fils cadet de Garibaldi, Ricciotti, jeune homme sympathique, plein d'activité et de courage, qui exécuta avec tant de bonheur, entre autres faits d'armes, la brillante surprise de Châtillon-sur-Seine; dans la 4ᵉ brigade des Vosges, dis-je, il y avait une compagnie formée d'anciens zouaves pontificaux, tous porteurs de la médaille de Mentana.

Évidemment, la présence de ces hommes sous les ordres de Garibaldi témoignait de la sincérité de leur patriotisme. Ils avaient été là où ils pensaient pouvoir le mieux servir leur pays, sans tenir compte de la personnalité de celui qui les commandait.

(1) Cette dénomination, à l'armée des Vosges, n'exprimait pas, comme dans la constitution normale des armées, la réunion de plusieurs régiments, mais, le régiment n'existant pas, le groupement d'un certain nombre d'unités hétérogènes formant un effectif total de 1,000 à 2,500 hommes sous le commandement d'un officier supérieur.

Et cette situation, qui n'était pas unique, exigeait du commandement, indépendamment de toute autre considération, une neutralité absolue en matière religieuse et politique.

L'attitude contraire, plus imputable peut-être à son entourage qu'à Garibaldi lui-même, eut le grave inconvénient d'accréditer dans certains milieux l'idée que l'armée des Vosges était plutôt une réunion d'agitateurs que de combattants véritables. Dans les moindres faits blâmables, — et dans quelle troupe armée, surtout en campagne, ne s'en commet-il pas! — au lieu de ne voir que des fautes personnelles, on trouva la tendance commune à l'armée entière, et l'on enveloppa dans une même réprobation tous ceux qui en faisaient partie. C'était souverainement injuste.

Aussi, ne tardâmes-nous pas à constater que les sentiments dominants à Autun nous étaient peu sympathiques.

La ville, du reste, était encore sous le coup d'une série d'événements qui avaient porté au paroxysme les passions qui s'y agitaient : l'affectation des églises et du séminaire au logement des troupes; l'envahissement de l'évêché par une bande de volontaires armés; la traduction en cour martiale et la condamnation à mort du lieutenant-colonel Chenet, commandant de la *Guérilla française d'Orient;* et tout cela, dans le court espace de quelques semaines.

L'affectation des temples au logement des troupes est une mesure qui, militairement et dans certaines circonstances, se justifie. S'imposait-elle à Autun, et, dans l'affirmative, l'a-t-on pratiquée avec toute la correction et la déférence dues aux lieux eux-mêmes et à l'autorité ecclésiastique? Je n'en sais rien; mais il est à craindre que non.

Dans tous les cas, ce grief en lui-même est de ceux qui, seuls, ne permettent pas de porter un jugement définitif sur ceux à qui on les impute.

L'envahissement de l'évêché et les circonstances qui l'avaient accompagné avaient constitué un acte bien plus grave, sans excuse, et qui exigeait la plus sévère répression.

Dans la nuit du 14 au 15 novembre, sur l'avis fallacieux, ridicule, que des fusils se trouvaient cachés à l'évêché, une trentaine d'hommes de la *guérilla marseillaise* avaient envahi en armes la demeure épiscopale, pénétré jusque dans la chambre à coucher de l'évêque, Mgr de Marguerye, qui, surpris, n'avait pas eu le temps de se lever, et, après avoir bruyamment perquisitionné, fouillé partout, jusque sous le lit du prélat, s'étaient retirés, non sans que quelqu'un d'entre eux ait fait main basse sur plusieurs objets précieux, parmi lesquels, une croix ornée de brillants.

Les forcenés qui avaient accompli cette belle expédition avaient à leur tête deux officiers, qui venaient d'être révoqués. Des excuses avaient aussi été présentées, aussitôt, à l'évéque par l'état-major, et des punitions infligées aux auteurs de la perquisition ; mais l'impression que l'acte avait causée subsistait toute vive, et d'autant plus que les objets dérobés n'avaient pas été retrouvés.

CHAPITRE IV

L'affaire Chenet.

L'affaire du colonel Chenet, plus compliquée et restée plus obscure que les précédentes, avait eu sa répercussion parmi les troupes surtout.

Après avoir soulevé, dès le premier moment, des passions violentes, elle servira de prétexte, plus tard, à un livre sans valeur malgré ses prétentions à la vérité historique, où, à côté de quelques faits intéressants et véridiques, l'auteur, un Anglais, accumulera nombre d'allégations mensongères contre Garibaldi et l'armée des Vosges (1).

D'après l'état-major garibaldien, l'ordre avait été donné itérativement au commandant de la *guérilla française d'Orient* d'occuper le couvent Saint-Martin, poste avancé de grande importance et le premier à garder en prévision d'une attaque contre Autun. Le colonel a toujours soutenu que, ultérieurement, l'autorisation d'abandonner la position lui avait été octroyée, sur sa demande.

(1) *Garibaldi et l'Armée des Vosges*, par Robert MIDDLETON.

Toujours est-il que, le 1ᵉʳ décembre, à une heure de l'après-midi, lorsque les Prussiens avaient attaqué Autun, du côté de Saint-Martin précisément, la *guérilla française* et son chef étaient déjà loin sur la route du Creusot et la position dépourvue de défenseurs.

Arrêté quelques jours plus tard à Roanne, jusqu'où il avait emmené sa troupe, grossie, de la *guérilla marseillaise* qui l'avait suivie, le colonel Chenet avait été ramené à Autun, déféré à la cour martiale et condamné à mort pour abandon de son poste et fuite devant l'ennemi. Mais Garibaldi avait commué la peine en celle des travaux forcés à perpétuité (1), et le colonel, après avoir subi la dégradation militaire, avait été dirigé sur Toulon (2).

Mais le 2 février 1871, la Cour suprême, alors réunie à Pau, cassa le jugement de la cour martiale d'Autun pour cause d'illégalité dans la composition de cette cour, et renvoya la cause et l'inculpé devant le conseil de guerre séant à Lyon.

Le procès, instruit de nouveau, et après des débats qui remplirent plusieurs séances, se termina par l'acquittement du colonel.

En raison du caractère de l'affaire, du retentis-

------

(1) Garibaldi, aux termes du décret du 7 décembre 1870 qui attribuait transitoirement au ministre de la justice seul le droit de grâce, n'avait pas qualité pour prononcer cette commutation.

(2) La dégradation, dans les conditions où elle a été effectuée, a été elle-même illégale.

sement qu'elle eut et des passions qu'elle souleva à l'époque, le lecteur me saura peut-être gré de ne pas passer outre sans lui en dire quelques mots :

Qui est, d'abord, le lieutenant-colonel Chenet?

C'est un Français, ancien officier de nos armées.

Né à Strasbourg en 1830, il s'est engagé dans la cavalerie en 1848. Au commencement de 1865, il démissionne, après avoir été sous-lieutenant porte-aigle au 2ᵉ régiment de cuirassiers de la garde. A la fin de la même année, il part pour le Mexique. On le retrouve capitaine dans la gendarmerie mexicaine en mars 1866; puis, en juin 1867, chef d'escadron et, en dernier lieu, lieutenant-colonel commandant la contre-guérilla impériale.

Le 20 juin 1867, après le drame de Querctaro, il obtient du général Porfirio Diaz, commandant en chef les forces libérales, une capitulation spéciale, aux termes de laquelle ses officiers conserveront leurs armes, chevaux et équipages, et ses soldats seront désarmés après les autres troupes et par lui-même, comme ayant défendu Mexico les derniers.

Antérieurement, il avait pris part aux campagnes de Crimée et d'Italie; et, au moment de la déclaration de guerre, il se trouvait à Constantinople, d'où il était revenu à Marseille pour créer la *guérilla française d'Orient*.

C'était un très beau corps, recruté avec soin et bien commandé. Jusqu'à la fin de la campagne, il parut ne se ressentir que fort peu des incidents qui l'avaient agité un moment et de la présence des quelques brebis galeuses qui, à la faveur des circonstances, avaient pu s'y glisser. Nous avons cheminé côte à côte pendant plusieurs semaines, et l'impression que nous en avons conservée était bonne sans réserve.

Il a été insinué, à l'occasion des multiples incidents qui, après la guerre, se rattachèrent à l'affaire Chenet, que le colonel n'avait pas quitté l'armée française en 1865, dans des conditions très honorables pour lui. La question n'est pas de mon sujet, et je me bornerai à cette constatation, que tout le passé du lieutenant-colonel Chenet était celui d'un homme aventureux, très brave; et que le fait d'avoir abandonné la position dont la garde lui avait été confiée, d'avoir fui devant l'ennemi, est bien difficile à admettre.

Et cependant, après avoir occupé Saint-Martin, par ordre, il ne s'y trouvait plus lorsque les Prussiens s'y présentèrent dans l'après-midi du 1ᵉʳ décembre 1870.

Que s'était-il donc passé?

Il est avéré que l'occupation de Saint-Martin par des forces suffisantes faisait partie du plan de défense d'Autun. Le colonel Chenet, à tort, semble-t-il, puisque c'est précisément de ce côté que l'ennemi se présenta, n'attachait pas la même importance à cette occupation; et, prétextant en outre que sa troupe était insuffisamment pourvue de munitions,

il avait fait demander à l'état-major l'autorisation
de se retirer vers les bois, en arrière, où il aurait
occupé une position moins exposée, plus facile à
défendre le cas échéant, et d'où il aurait pu
observer utilement les mouvements de l'ennemi.

Chenet a toujours soutenu que cette autorisation
lui avait été donnée; et de fait, il a pu produire à
l'appui de son affirmation, *non pas devant la cour
martiale, mais depuis*, *à Lyon*, le témoignage positif
de l'officier qu'il avait envoyé la chercher et la lui
avait rapportée, le capitaine Gandoulf, commandant
d'une compagnie franche de la Nièvre rattachée à
la *guérilla marseillaise*.

De son côté, le chef d'état-major Bordone qui,
au dire du capitaine Gandoulf, aurait donné verba-
lement l'autorisation demandée, a non moins éner-
giquement soutenu le contraire. Où est donc la
vérité?

Ce qu'on peut affirmer, c'est que Garibaldi, personnellement, n'aurait pas consenti à l'abandon de
Saint-Martin. Il attachait une réelle importance à
la conservation de ce poste, que, jusqu'au dernier
moment, il avait cru occupé par la troupe du colonel
Chenet. Aussi, lorsqu'on venait lui annoncer que
les Prussiens marchaient sur Saint-Martin, répon-
dait-il : « Laissez-les approcher, je sais à qui ils
ont affaire. » Et ensuite, quand on lui apprenait
que l'ennemi était entré dans le couvent d'où ne
partait aucun coup de fusil : « Le vieux guérillero

leur joue sans doute un tour de sa façon; s'il les a laissés entrer, c'est pour ne plus les laisser sortir, » paroles qui, en somme, dans la bouche de Garibaldi, impliquaient une grande confiance dans le colonel Chenet et la reconnaissance très nette de son expérience militaire.

Peu d'hommes ont été attaqués plus violemment, poursuivis avec plus de ténacité par la haine de leurs adversaires que Bordone. Mais, laissons de côté les attaques passionnées, les accusations qui, fouillant dans sa vie privée et son passé, ont prétendu y avoir trouvé des tares; négligeons tout ce qui nous éloigne de l'époque qui nous occupe, et prenons l'homme tel qu'il était alors, tel qu'il est apparu du moins à ceux qui ont pu l'approcher, le voir, le suivre et l'apprécier dans ses actes comme chef d'état-major de l'armée des Vosges.

Un fait incontesté se dégage de l'observation du personnage, c'est qu'il était doué de qualités réelles d'intelligence, d'activité et d'énergie. Il semble seulement que ces qualités étaient atténuées chez lui par une grande présomption, un caractère entier et une absence de mesure qui le portait, en tout, principalement dans ses actes d'énergie, à dépasser le but; si bien que, d'habitude, il blessait, froissait ceux qui l'approchaient bien plus qu'il ne leur en imposait.

Je ne crois rien pouvoir citer de plus décisif à ce sujet, que les quelques lignes suivantes dues à

Ricciotti Garibaldi, commandant de la quatrième brigade de l'armée des Vosges (1) :

« Quelqu'un a dit que Bordone fut le génie malfaisant de notre armée. Il est certain qu'il s'aliénait tous ceux qui l'approchaient. Mais il possédait une qualité rare qui rendit sa situation inexpugnable près du général en chef : c'est qu'il ne trouvait jamais de difficulté en rien, c'est que, étant très actif, il faisait immédiatement exécuter tous les ordres qu'il recevait du général, *et si, pour une raison quelconque, l'exécution en avait manqué, il s'arrangeait pour laisser croire qu'elle était réalisée; dans tous les cas, il prenait immédiatement les mesures nécessaires pour que tout fût en règle.*

« Le conflit, qui était permanent entre lui et ses officiers supérieurs, devint même si aigu que ces derniers donnèrent en masse leur démission. »

Ces paroles, très modérés dans la forme, sont graves. Elles jettent, par leur source, sur le caractère de Bordone un jour qui l'éclaire bien plus défavorablement que n'ont pu le faire les plus violentes diatribes. Elles permettent de penser que, n'ayant pas avisé Garibaldi de l'autorisation donnée au colonel Chenet d'abandonner Saint-Martin, et voyant par la direction même de l'attaque, combien il eût été utile de faire remplacer les troupes retirées par d'autres, il n'a pas craint de « s'arranger pour

(1) *Souvenirs de la campagne de* 1870-71, par Ricciotti GARIBALDI (**1899**).

laisser croire qu'il n'y était pour rien ». Et, cela sup-
posé de la part de Bordone, il faut convenir que le
colonel Chenet lui a rendu la tâche facile.

Le témoignage non suspect du capitaine Gandoulf
établit que l'autorisation de quitter Saint-Martin a
été demandée et obtenue ; mais elle a été limitée,
nécessairement, aux termes mêmes de la demande,
laquelle tendait uniquement à l'occupation d'une
autre position en arrière.

Si donc, après l'attaque du 1ᵉʳ décembre, on
avait retrouvé le colonel Chenet et sa troupe au
point qu'il avait indiqué lui-même, il aurait très
certainement suffi de quelques explications pour
rétablir les faits aux yeux du général en chef, et en
atténuer la portée dans l'esprit de tout le monde.
Dans tous les cas, l'accusation d'abandon de poste
et de fuite devant l'ennemi qui a motivé la réunion
de la cour martiale aurait manqué de base, et on
ne se serait plus trouvé qu'en présence d'un fait
singulièrement moindre. Mais, une fois partie,
la *guérilla française d'Orient* ne s'était plus arrêtée.
Après un simulacre d'occupation de la position
indiquée en arrière, et d'étape en étape, emprun-
tant même en dernier lieu le chemin de fer, elle
s'était dirigée vers Lyon, où l'autorité militaire avait
refusé de la recevoir, et avait été conduite alors à
Roanne par son chef, qui y fut arrêté le 4 décembre,
par la gendarmerie, sur un ordre télégraphique
émané de l'état-major de l'armée des Vosges.

Le colonel venait de faire la part belle à ses ennemis, et il en sera de même par la suite.

Si l'accusation se montra âpre dans l'attaque, en
effet, la défense fut maladroite. Elle s'appuya sur
des considérations fausses et puériles.

Après avoir constamment discuté et attaqué l'autorité des chefs sous les ordres de qui il avait été placé
à l'armée des Vosges, notamment du commandant
de la deuxième brigade, le lieutenant-colonel Delpech, ancien préfet des Bouches-du-Rhône, dont
l'insuffisance militaire était notoire du reste, Chenet
adresse à ce dernier, de Montchanin, au moment
où il s'éloigne avec sa *guérilla,* la dépêche suivante :

« Guérilla marseillaise va à Saint-Étienne,
Guérilla d'Orient à Roanne, Lyon ne pouvant les
recevoir ; nous *attendons vos ordres.* »

Puis, après son arrestation, il lance à l'adresse
de l'état-major, à Autun, une autre dépêche, par
laquelle il proteste violemment, disant entre autres :
« Je suis chef de guérilla, *opérant pour mon compte,*
l'a-t-on oublié ? »

On voit poindre dans ces derniers mots le système qu'il présentera à la cour martiale.

A l'audience, en effet, après avoir protesté contre
la double accusation portée contre lui, il prononce
ces mots dont le reste de sa défense ne sera que le
développement : « *Reste à savoir si j'avais le droit
de me porter en arrière.* » Et alors, il expose toute
une théorie, inapplicable dans l'espèce, par laquelle

il essaie de démontrer que, chef de guérilla, il ne peut pas faire la guerre suivant les règles ordinaires de la tactique. « Attaché à un corps d'armée pour l'éclairer, le flanquer, le garder des surprises, il doit compter sur le corps d'armée; mais le corps d'armée ne doit compter sur lui que s'il le charge *d'une mission spéciale*. Quand il quitte le corps d'armée, il se contente de le prévenir, car il doit avoir de l'initiative, ajoutant que sa troupe, fatiguée, dégoûtée et lasse de ne pas combattre en guérilla, a voulu se débander, et qu'il a pris alors le parti de se porter en arrière, *en usant de ses droits de chef de guérilla*, pour la ravitailler, etc. »

Ce n'étaient là que des arguments spécieux, incapables de résister au moindre examen.

En admettant que la théorie eût quelque fondement appliquée à la manière de combattre, d'opérer des corps francs isolés, elle était inadmissible dans le cas particulier qui nous occupe.

Le corps du colonel Chenet n'était pas attaché, *comme guérilla*, à un corps d'armée régulier « pour l'éclairer, le flanquer et le garder des surprises »; il faisait partie, au même titre que les autres formations semblables, du groupement des corps irréguliers que des instructions supérieures avaient placés dans une même main pour l'accomplissement d'une besogne d'ensemble, et qui se trouvaient ainsi soumis, tous, sans exception, à l'autorité du commandant en **chef**.

La vérité — et nul mieux que l'intéressé ne le savait — ne se trouvait donc pas dans les arguments présentés par le colonel Chenet; elle était ailleurs, mais il ne pouvait pas la dire.

Il est établi que Chenet n'avait pas abandonné son poste. Il est non moins certain qu'il n'avait pas fui devant l'ennemi. Mais il avait commis une autre faute qui, si, bien définie, elle ne relevait pas de la cour martiale, n'en constituait pas moins un fait des plus graves qui l'exposait à la perte de son commandement. Cette faute, il l'avait accomplie emporté par sa présomption, par la violence de son caractère et de ses sentiments contre Garibaldi et son entourage; et il voulut ensuite en masquer le véritable caractère par des explications qui n'étaient pas dignes de son passé militaire.

Il est fort probable, au surplus, qu'il n'avait pas songé aux conséquences tragiques que l'acte devait avoir pour lui. Dominé par son idée fixe, il n'avait envisagé que le résultat qu'il se flattait d'obtenir par sa fugue, grâce au désarroi général : se soustraire à l'autorité de Garibaldi et se faire envoyer ailleurs. Car, telle avait été sa pensée constante, et il n'est pas téméraire de croire que ce fut celle qui détermina l'acte qui devait être le dernier de son commandement. Les preuves que je vais en donner sont toutes tirées du livre par lequel, avec les allures et la prétention d'un travail historique sur Garibaldi et l'armée des Vosges, le colonel Chenet, après la guerre, fit publier sa propre apologie (1).

Le premier mouvement de Chenet, quand on l'envoya à l'armée des Vosges, avait été de résister, tant était grande son aversion pour Garibaldi ; « mais il savait que l'indiscipline était en ce moment la plaie la plus grande de l'armée française, et il se soumit, ne voulant pas, lui, ancien militaire, donner le mauvais exemple. »

Mais il faut entendre le ton sur lequel s'échangèrent ses premières paroles avec Garibaldi et le chef de brigade sous les ordres de qui on l'avait placé.

Après l'affaire de Pasques, le 26 novembre, il déclare brutalement à celui-ci, Delpech, dont il reconnaissait le sang-froid et la bonne tenue au feu, qu'il doit lui obéir parce qu'il est son chef, mais « qu'il est incapable de le commander ». Puis il le prévient qu'il va faire les plus pressantes démarches pour se soustraire, lui et les siens, à un pareil commandement.

Delpech répond avec mesure, en rappelant à Chenet qu'il lui a déjà offert le commandement et qu'il l'a refusé.

« Ce n'est pas admissible, riposte Chenet, car vous feriez des bévues qu'il me serait impossible de parer... D'ailleurs, vous ne voulez pas céder votre commandement, vous voulez le troquer contre la

(1) *Garibaldi et l'armée des Vosges*, par Robert **MIDDLETON.**

position d'intendant : de ce côté vos aptitudes sont encore moins heureuses, car je vous ai vu à l'œuvre ; la brigade manquant de vivres et de tout ce qui lui est nécessaire, me prouve que vous n'êtes pas meilleur intendant que général. Ce serait manquer à mon devoir que de prêter la main à vos projets de fortune. »

Du coup, Delpech se sent piqué ; il se contient toutefois, et se contente de dire : « Colonel, vous vous oubliez. »

Mais Chenet continue en déclarant à son chef de brigade qu'il aime mieux offenser sa susceptibilité que la vérité ; « aussi bien, ayant chèrement payé son grade de colonel, il a le droit de parler à un conscrit qui a manqué à son devoir, bien que la faveur l'ait fait, du jour au lendemain, son égal ; » et il termine en disant : « Du reste, monsieur Delpech, permettez-moi de vous apprendre qu'étant nommé colonel d'une armée régulière depuis quatre ans, j'ai encore le droit, par ancienneté, de vous rappeler à l'ordre quand je le jugerai à propos. »

Tout cela est violent et incohérent. Tout d'abord, Chenet déclare à Delpech qu'étant son subordonné il lui obéira, et il termine en lui déclarant qu'il le rappellera à l'ordre ?

Tout au moins, ces propos montrent-ils bien le véritable état d'esprit du colonel Chenet.

Dès le 29 novembre d'ailleurs, quatre jours après

la scène rappelée ci-dessus, il écrit au ministre de la guerre pour le prier de le détacher de l'armée des Vosges et de l'envoyer à l'armée de la Loire, « persuadé que, à la tête de sa troupe, il rendra de grands services à sa patrie. »

Il est à remarquer que la violence d'allure et de langage de Chenet ne se manifeste pas seulement à l'égard de ceux pour lesquels il professe un mépris habituel, pour Garibaldi et les chefs de l'armée des Vosges; partout et avec tous, il le prend de haut, s'exprime avec véhémence et emphase.

Au capitaine de gendarmerie qui, à Roanne, a pour mission de l'arrêter, il dit, après l'avoir toisé : « Capitaine, il me semble que vous devriez reconnaître les insignes que je porte sur les bras. Je ne suis pas M. Chenet, je suis le colonel Chenet, et veuillez ne pas l'oublier... »

Puis, lorsque le capitaine de gendarmerie lui eut montré l'ordre en vertu duquel il agissait, il rappelle qu'il a été lui-même chef d'escadron de gendarmerie, qu'il a eu la triste mission d'exécuter des ordres pénibles, mais qu'il s'est toujours acquitté des missions de ce genre avec tact et respect, sans bruit : « En m'arrêtant scandaleusement en public, dit-il (la scène se passait dans un café de la ville), vous avez insulté à l'infortune, et vous vous êtes rendu indigne d'appartenir au corps respectable de la gendarmerie française. Capitaine, veuillez me suivre! »

Transféré à Lyon, Chenet comparaît, le 5 décembre, à neuf heures du matin, devant le général Bressolles, « encore un général sorti de la fabrique de Gambetta, » s'écrie son panégyriste.

Le général Bressolles le recevant d'une façon qui lui déplaît, il lui fait comprendre, lui, Chenet, « fort de son droit et de son innocence, qu'il a droit à tous les égards dus à sa position, et il le prie, avant de prendre cet air sévère, d'entendre ses explications... »

Le lendemain, 6 décembre, il reçoit du capitaine de place Tropot l'avis qu'il doit partir immédiatement pour Autun. Se sentant malade, il se fait alors admettre à l'hôpital. Malgré tout, et sur l'avis d'un médecin militaire commis par le général Bressolles à cet effet, Chenet doit partir et, à cette occasion, il accuse le médecin en question d'être « une créature de Garibaldi ».

Le 13 décembre enfin, la cour martiale formée pour juger Chenet se réunit à sept heures et demie du matin.

Composée de trois étrangers et de quatre Français, elle était constituée illégalement. C'est incontestable, et la Cour de cassation l'a proclamé en même temps que d'autres irrégularités. Mais, en laissant de côté toute considération de formes, à ne voir que le fond des choses, cette cour martiale se composait d'hommes dignes de juger le colonel Chenet.

Écartons, pour des motifs divers : jeunesse, incompétence militaire, suspicion légitime ou toute autre cause, le colonel Canzio, gendre de Garibaldi, le lieutenant-colonel Delpech et le colonel Lobbia, sous-chef d'état-major ; il reste le général Bossack Haucké, ancien colonel dans l'armée russe, un régulier, celui-là, et, de plus, instruit, probe et brave (1) ; puis le lieutenant-colonel Bruneau, commandant des mobiles des Alpes-Maritimes ; le commandant Vuillaume, des mobiles de l'Aveyron, et le chef d'escadron d'artillerie Ollivier, ancien lieutenant de vaisseau, commandant de l'artillerie de l'armée des Vosges, primitivement à la tête des batteries de la mobile de la Charente-Inférieure, unités dont la conduite, de l'avis de tous, fut au-dessus de tout éloge durant cette rude campagne.

Malgré leur origine bien indépendante de l'influence garibaldienne et leur bonne tenue au feu, le panégyriste du colonel Chenet n'en présente pas moins ces officiers comme « d'obscures créatures de Bordone ».

Maintenant, en fait, qu'on se mette à la place des membres de la cour martiale. Ils ont presque tous pris part à la défense d'Autun. Ils s'y sont comportés bravement. Leurs troupes ont souffert, l'artillerie surtout, qui a supporté le principal effort de l'attaque. Ils savent que, si la position de Saint-

____

(1) Il fut tué sous Dijon dans la matinée du 23 janvier 1871.

Martin fût restée occupée, l'affaire, moins pénible pour la défense, aurait eu des conséquences bien plus sérieuses pour l'ennemi, et ils en sont justement irrités.

On leur amène le chef de corps qui avait la garde de la position et devait s'y maintenir, suivant les ordres du général en chef, qui vient d'en donner l'attestation écrite. Non seulement il leur est présenté comme ayant abandonné son poste, mais il est avéré qu'il s'en trouvait à plusieurs journées de marche lorsqu'on l'a arrété ; et, pour toute réponse à la grave accusation portée contre lui, il se borne, sur le ton hautain qui lui est familier, à l'exposé de considérations théoriques sur les droits d'un chef de partisans ; car, il ne faut pas l'oublier, le témoignage du capitaine Gandoulf ne fut pas produit devant la cour martiale, le colonel Chenet s'étant contenté dans sa défense de citer le nom de cet officier, sans avoir pris ses mesures pour le faire comparaître en personne.

Dans ces conditions, l'accusation parut fondée à la cour martiale, et elle condamna, ce qu'eût fait très vraisemblablement tout autre tribunal militaire dans des circonstances semblables. Plus tard, jugeant de nouveau après cassation, le conseil de guerre de Lyon acquitta et jugea bien. Parce que, non seulement il put entendre le témoignage oral du capitaine Gandoulf, mais que, sans aucun doute, siégeant avec plus de calme, dégagé de toute

influence de milieu, loin des événements dont le
voisinage immédiat et les circonstances avaient pu
peser sur l'esprit des premiers juges, il sut démêler
le véritable motif des agissements du colonel Chenet, et, sans les approuver, il est permis de le
penser, il relaxa ce dernier du seul chef qui lui fût
soumis, celui d'abandon de poste et de fuite devant
l'ennemi, crime que l'accusé n'avait certainement
pas commis.

Avec d'autres hommes que ceux qui étaient à la
tête de l'état-major garibaldien et un peu plus de
sang-froid, peut-être aurait-on pu éviter ce fâcheux
épisode. Mais c'était la caractéristique du moment,
là comme presque partout ailleurs, que tout se fît
avec hâte, sans pondération ni mesure; parce que le
propre des temps troublés est de rompre l'équilibre
des esprits, et de conduire par là à la perturbation
de toutes les lois qui régissent les événements ordinaires...

CHAPITRE V

Court séjour à Autun. — Physionomies entrevues. — A Lucenay-
l'Evêque. — Prisonniers Westphaliens. — A Saulieu. —
La 2ᵉ brigade des Vosges. — Ricciotti Garibaldi en danger.
— Le surprise de Baigneux-les-Juifs. — Le colonel Lobbia.
— En marche. — Situation critique.

Tel était le milieu surexcité, surchauffé, dans
lequel nous venions de pénétrer à Autun.

Nous n'y restâmes que trois jours pleins, les 4,
5 et 6 janvier, juste le temps de faire régulariser
notre situation et de recevoir les ordres du commandement. Ces ordres nous enjoignaient de rallier
la 4ᵉ brigade des Vosges qui, sous les ordres
de Ricciotti, opérait en colonne volante du côté
de Semur. Si nous n'y parvenions pas, nous devions
nous joindre à la 2ᵉ brigade, qui se trouvait à Saulieu, sous les ordres du colonel Lobbia, successeur
du colonel Delpech dans ce commandement, et
précédemment sous-chef d'état-major général de
l'armée.

Dans la journée du 5, nous fûmes chargés, con-
jointement avec la compagnie de Bigorre, d'une

reconnaissance sur un terrain inaccessible à la cavalerie et comprenant la région située au sud-est de la place. Nous avions pour mission de pousser aussi loin que possible et d'explorer avec soin le terrain, pour nous assurer qu'aucune troupe ennemie ne s'était glissée de ce côté à la faveur des bois.

La tâche fut des plus pénibles, et lorsque le soir, n'ayant rien découvert de suspect, nous rentrâmes à Rivault après avoir fouillé tous les fourrés qui couvrent ce pays accidenté, nous étions rendus et tout en sueur malgré le froid.

Notre départ fut fixé au 7 janvier. Jusque-là nous avions vainement tenté de voir Garibaldi, dont la personnalité éveillait vivement notre curiosité. Quelques-uns d'entre nous étaient seulement parvenus à l'apercevoir le lendemain de notre arrivée, à la nuit tombante, au moment où il descendait de voiture et rentrait à la sous-préfecture, où il avait établi son quartier général. Enveloppé dans un ample manteau gris, il marchait avec peine et leur avait laissé l'impression d'un homme las, physiquement diminué.

Par contre, durant notre court séjour à Autun, nous avions eu l'occasion de rencontrer, à maintes reprises, un certain nombre d'officiers italiens de l'état-major et des corps de volontaires. Dans la matinée du 5, notamment, l'un de leurs groupes était venu prendre place près de nous, à la table d'hôte de l'hôtel Saint-Louis, et nous avions pu l'observer à loisir pendant le repas.

Il y avait là quelques jeunes hommes qui n'étaient pas très sympathiques, se montraient légers, frivoles, visiblement plus préoccupés du costume et des galons que des devoirs à remplir. Il se dégageait de leur attitude, de leurs conversations, du rire qui accompagnait la moindre de leurs réflexions, quelque chose de suffisant, de fat, qui nous eût paru critiquable chez des compatriotes, et était agaçant, pénible à supporter de la part d'étrangers.

Ceux-là ne doivent cependant pas faire perdre de vue les figures viriles et loyales qui se trouvaient à côté d'eux. La passion a fait voir autour de Garibaldi beaucoup plus d'aventuriers qu'il n'y en avait réellement; elle n'a pas permis de discerner que, si le gouvernement de Victor-Emmanuel s'est montré plus qu'oublieux en 1870, à l'égard de la France, des sentiments de gratitude subsistaient, très vifs, dans le cœur de beaucoup d'Italiens ; et parmi ceux-ci, il en est qui, en venant servir chez nous contre l'Allemagne, sous les ordres de leur vieux compatriote, ont pensé acquitter une dette de reconnaissance. Quels que soient les nuages qui se sont élevés depuis entre les rapports des deux pays, sont venus en momodifier le caractère amical, il y a là un fait qu'il convient de ne pas négliger si on veut bien juger et rester équitable.

Dans l'entourage de Garibaldi, de même que dans

les corps de volontaires venus à sa suite, on rencontrait, en grand nombre, en dehors des éléments inférieurs inévitables qui parviennent à se faufiler partout, des hommes d'une valeur incontestable, d'une correction et d'un désintéressement parfaits, et très braves, qui ont versé leur sang sans compter pour notre pays. Vis-à-vis de ceux-là, parmi lesquels se trouvaient des officiers de l'armée italienne qui n'avaient pas hésité, pour venir servir la France, à perdre leurs grades, leur nationalité et leurs droits civils mêmes, certains écrivains français se sont montrés injustes jusqu'à l'outrage; et loin de moi la pensée d'entrer aussi peu que ce soit dans la même voie. Le lecteur voudra donc bien ne pas voir dans certaines des lignes qui précèdent, une arrière-pensée de critique à l'adresse des officiers italiens de l'armée des Vosges en général, mais seulement la trace d'une impression occasionnelle, limitée elle-même à quelques traits particuliers.

Notre séjour à Autun nous avait aussi permis de faire, dans un autre ordre d'idées, des constatations attristantes.

Autour de la place principale de la ville, des mobilisés étaient installés en grand nombre, sans ordre. Ils passaient là toute la journée, abandonnés de leurs officiers, grelottant sous la neige et mettant tous leurs efforts à entretenir les maigres feux autour desquels ils se pressaient. Rien n'était plus lamentable que l'aspect de ces hommes qui, cependant, n'avaient pas encore fait campagne. Leurs uniformes étaient dans un état indescriptible, tandis que les différentes pièces de leur équipement, et jusqu'à leurs armes, gisaient pêle-mêle sur le sol, dans la neige et la boue, souillées et rougies de rouille. Pas un seul des fusils qu'on voyait là — des springfields se chargeant par la bouche, si je ne me trompe — n'était en état de tirer.

Nous n'avons pas entendu dire ce que cette troupe devint plus tard ; si ses chefs, mieux instruits de leurs devoirs, surent lui faire prendre des habitudes suffisantes de propreté, d'ordre et de discipline ; mais ce que je puis affirmer, c'est que dans l'état où elle se trouvait alors, il était impossible qu'on la mît en face de l'ennemi.

Dans la nuit du 5 janvier, l'avant-veille de notre départ, il se produisit un événement qui n'était pas de nature à ramener le calme dans cette ville déjà si troublée. On avait arrêté M. Pinard, ancien ministre de l'Empire, sous l'inculpation de connivence avec l'ennemi.

Cette très grave accusation était sans fondement ; l'arrestation ne fut pas maintenue, et les hommes sérieux de tous les partis ne virent dans ce nouvel incident, qui était le fait de l'autorité administrative, qu'une manœuvre politique plus maladroite qu'opportune.

Le soir du même jour, au café Saint-Louis, nous avions eu le plaisir de faire la connaissance de quel-

ques-uns de nos compatriotes de l'artillerie de la
mobile ; du commandant Ollivier, notamment, l'un
des juges du colonel Chenet, et de l'adjudant Mon-
gis, tous deux de la Rochelle, et qui avaient joué
l'un et l'autre un rôle des plus honorables lors de
l'attaque du 1er décembre.

Nous avions eu aussi l'occasion de rencontrer là,
en possession du grade de commandant, le fils d'un
ancien fonctionnaire de l'Empire en résidence dans
notre pays pendant quelques années. Des bruits dé-
sobligeants circulèrent plus tard sur le compte de ce
jeune homme, dont la troupe, très hétéroclite, ne
vit jamais le feu et fut administrée sans probité,
dit-on, par son chef.

Le 7 janvier enfin, à neuf heures du matin, nous
avons quitté Autun, ayant pour destination Saulieu,
chef-lieu de canton de la Côte-d'Or, à 41 kilomètres
au nord. Une fois là, nos chefs devaient s'inspirer
des circonstances. Dans la matinée, de bonne heure,
nous avions versé à l'Intendance nos havresacs et les
ustensiles de campement, conservant seulement avec
nous la cartouchière et la musette, dans lesquelles,
avec les munitions et le nécessaire d'armes, nous
n'emportions que les objets qui constituent l'attirail
habituel du troupier : la pipe, le tabac, et autres
menues choses.

Sur les rangs mêmes, au moment où le signal du
départ allait être donné, nos amis, les délégués du
comité de Jonzac, qui ne s'étaient pas séparés de

nous jusque-là, nous firent leurs adieux. Ils par-
tirent en nous souhaitant bonne chance, et en emportant notre plus affectueux souvenir pour tous
ceux dont ils avaient été les envoyés près de nous.
Ils étaient émus, et nous-mêmes, en les voyant s'éloigner, nous éprouvâmes un serrement de cœur que
firent aussitôt disparaître le commandement qui
nous mettait en marche, et l'impression de joie sincère que nous causait l'espoir de rencontrer bientôt
l'ennemi.

Nous ne poussâmes pas jusqu'à Saulieu d'une
seule traite, l'état des chemins rendant difficile pour
une troupe non entraînée encore aux longues
marches, l'accomplissement de tout le trajet, mais
seulement jusqu'à Lucenay-l'Évêque, dans Saône-
et-Loire encore, sur les confins de la Nièvre. Je
pensais pouvoir y passer la nuit dans un lit, ce qui
ne m'était pas arrivé depuis un certain temps déjà ;
mais mon espoir fut déçu par l'arrivée de mon tour
de garde.

Le poste était installé à la mairie, située elle-
même sur la petite place qui orne le centre du pays.
Je venais de quitter ma faction, vers neuf heures du
soir, lorsque notre attention fut éveillée par le bruit
de pas cadencés résonnant sur la neige durcie ; et,
presque aussitôt, nous entendîmes le « qui vive ! » du
factionnaire qui m'avait relevé.

C'était une petite troupe de gardes nationaux de
Saulieu, qui nous amenaient trois prisonniers du

13ᵉ régiment de Westphalie que des paysans patriotes avaient enlevés dans la journée.

Envoyés en patrouille rampante, les Allemands
s'étaient égarés et avaient fini par échouer dans une
auberge des environs de Montlay, où ils s'étaient
fait servir à boire. Ils avaient alors commis l'impru-
dence de se dessaisir de leurs armes, qu'ils avaient
déposées dans un coin de la pièce ; ce que voyant, le
patron de l'auberge, ancien dragon, avait été chercher son voisin, vieux soldat comme lui, et, tous
deux, s'emparant des fusils, ils avaient déclaré aux
Allemands ébahis qu'ils étaient prisonniers.

Le *Gefreite* (premier soldat) qui commandait la
patrouille n'en était pas encore revenu.

C'était un garçon de vingt-quatre ans environ,
roux, bien portant et robuste, ancien volontaire d'un
an. Il parlait assez convenablement le français et je
causai avec lui quelques instants.

Étudiant en droit à Berlin au moment de la rup-
ture des relations diplomatiques entre les deux pays,
il ne cachait pas combien la déclaration de guerre
l'avait désagréablement surpris. Il n'était certaine-
nement pas de ces plus belliqueux. De même que ses
camarades, du reste, il paraissait médiocrement
fâché de se trouver désormais à l'abri des chances
fâcheuses de la campagne, et je ne crois pas le calom-
nier en pensant qu'au fond il en était plutôt satisfait.

Bientôt, les trois hommes, qui avaient paru
appréhender un moment de se trouver aux mains

de francs-tireurs, et rassurés maintenant par notre accueil, où perçait plus de curiosité que de dispositions hostiles, témoignèrent l'intention de dormir. Sur l'invitation de notre chef de poste, ils s'étendirent sur la paille de notre lit de camp improvisé, côte à côte avec ceux de nos camarades qui y reposaient déjà.

Maintes réflexions me vinrent alors à l'esprit, en contemplant le spectacle de ces hommes, fraternellement étendus sur la même couche par le jeu même de la guerre qui les avait armés les uns contre les autres.

Le lendemain matin, nous levâmes le poste à huit heures et partîmes aussitôt pour Saulieu, après avoir remis les prisonniers à leur nouvelle escorte, qui se composait de quelques gardes nationaux de l'endroit et devait les conduire à Autun.

L'étape fut plus fatigante que celle de la veille; non pas qu'elle fût beaucoup plus longue, mais le pays est accidenté, et l'ascension des côtes était alors rendue pénible par l'épaisse couche de neige qui recouvrait le chemin et la bise acérée que nous recevions de face. C'est en parfait état cependant que nos deux troupes arrivèrent à Saulieu, vers cinq heures du soir, à nuit close.

La 2ᵉ brigade des Vosges, depuis la veille au soir, occupait déjà la localité, où on nous logea nous-mêmes deux par deux, chez l'habitant.

Notre billet de logement nous envoya, mon cama-

rade de lit et moi, chez M. Simon, garde général des eaux et forêts. Nous reçûmes là l'accueil le plus favorable, le plus humain. Notre hôte ne s'en tint pas à ses obligations règlementaires. En outre du bon lit qu'il nous fit donner, un repas réconfortant nous fut servi, sur son ordre, dans notre chambre même, près du feu qui flamblait dans l'âtre et, en même temps que nos membres engourdis par le froid, nous réchauffait le cœur. Ah! les braves gens!

Ce fut souvent la règle, du reste, dans la Côte-d'Or, dont les populations patriotes et humaines se montrèrent à la hauteur de toutes les circonstances.

Les nouvelles recueillies à Saulieu nous présentaient le pays comme traversé déjà par de nombreuses troupes allemandes. C'était le corps de Manteuffel, qui descendait de Paris pour aller au secours des troupes de Werder, que Bourbaki menaçait sous Belfort. Mais, ignorant la position de l'armée de l'Est et son objectif véritable, nous pensions que les détachements prussiens qui nous étaient signalés manœuvraient pour la possession de la région même que nous occupions, et nous nous attendions à des chocs prochains.

Nous devions faire séjour le 9, à Saulieu, pour nous ménager le moyen de savoir au juste où se trouvait Ricciotti, lui signaler notre présence et recevoir ses instructions. Dans la matinée, un peu avant neuf heures, suivant les ordres donnés la veille, nous nous rendions bien tranquillement, mon camarade et moi, au lieu assigné pour l'appel, quand nous aperçûmes l'un des nôtres, le caporal Denis, qui, du plus loin qu'il le pouvait, nous faisait signe de hâter le pas. Ils nous apprit que toute la 2ᵉ brigade des Vosges, arrivée vingt-quatre heures avant nous à Saulieu, était repartie dans la nuit, à une heure et demie, suivie de nos compagnies et se dirigeant vers Montbard, où Ricciotti était cerné par des forces supérieures. Un paysan des environs, au risque d'être pris et fusillé comme espion, avait traversé les lignes allemandes pour annoncer ces nouvelles à toute troupe française qu'il rencontrerait. Trop éloigné du centre de la ville, nous n'avions rien entendu et nos amis avaient dû se résoudre à partir sans nous.

Le fait, qui nous servit de leçon, montre qu'en toute circonstance une troupe doit rester bien groupée à portée de son chef; et c'est au cantonnement surtout que ce principe doit être strictement observé.

Nous fûmes vivement contrariés de l'incident, dans la crainte d'abord que nos camarades n'interprétassent mal notre absence et, ensuite, parce que nous allions courir le risque, en essayant de les rejoindre, de tomber au milieu d'une de ces reconnaissances dont l'ennemi couvrait le pays. Il n'y avait cependant pas à hésiter. Étant rapidement retournés chez notre hôte, nous le priâmes de vouloir bien conserver nos musettes et nos capotes; et nous partîmes aussitôt à la recherche des nôtres, n'emportant, pour être moins chargés, avec nos couvertures roulées en sautoir, que nos cartouches et nos armes. Mais nous ne devions plus revenir à Saulieu de toute la campagne et, privés de nos capotes, notre meilleur abri, nous eûmes à souffrir cruellement, parfois, de l'extrême rigueur de la saison.

Rejoints de suite par le caporal Denis, puis par un franc-tireur de Bigorre et un volontaire de Marseille dans le même cas que nous, nous voilà prenant en hâte la direction de Semur-Montbard, arpentant à grandes enjambées le chemin, mais n'avançant à notre gré qu'avec une lenteur mortelle. Le franc-tireur de Marseille, qui connaissait le pays, nous avait fait prendre la route dite « nouvelle », laquelle abrège un peu le trajet. A une lieue de Saulieu, à peu près, cette voie s'enfonce sous bois et s'y développe quelques kilomètres durant. C'était là que, l'avant-veille, une poignée de volontaires et de gardes nationaux de Saulieu, soigneusement embusqués derrière des tranchées creusées à la hâte, avaient arrêté la marche d'une colonne allemande. Nous cheminions alors avec la plus grande circonspection.

En sortant des bois, nous aperçûmes à gauche du petit village de Montlay, à cinq ou six cents mètres de nous environ et venant à notre rencontre, quelques cavaliers, qui s'arrêtèrent en nous voyant, comme indécis ; puis, brusquement tournèrent bride et s'éloignèrent à toute vitesse. Cette manœuvre nous fixa sur la nationalité des fuyards, et nous allions leur envoyer quelques coups de fusil, lorsque nous songeâmes que ce serait certainement de la poudre perdue et du bruit pour rien, vu la distance qui nous séparait d'eux. En quelques secondes, en effet, le groupe entier avait disparu derrière un accident de terrain.

Enfin, après trois heures de marche, nous arrivions à Précy-sous-Thil, où nous avions la joie de retrouver les nôtres. Ils s'étaient arrêtés là pour attendre Ricciotti, dont l'arrivée y était annoncée comme imminente, tandis que la 2ᵉ brigade des Vosges avait poursuivi sa marche sur Vitteaux.

La nouvelle qui avait présenté la situation de Ricciotti comme compromise n'était pas exagérée. La journée du 7 avait été marquée, pour sa brigade, par un mouvement en avant qui la rapprochait de la forte garnison allemande de Montbard, et par l'attaque qu'avaient exécutée avec succès les Savoyards des capitaines Michard et Bailly, contre une colonne mixte prussienne en fourrage à Champ-d'Oiseau. Mais, dans la journée du lendemain, Ricciotti avait couru de réels dangers ; et peu s'en était fallu qu'il ne tombât aux mains de l'ennemi, avec toute sa troupe, qui ne comptait pas alors 1,200 fusils.

Évitant une colonne prussienne de mille à douze cents hommes environ, composée d'un bataillon d'infanterie, d'un escadron de cavalerie et de quatre pièces, et qui, sortie de Montbard, marchait sur

Semur, il avait formé le projet d'aller attaquer Montbard même, dont la garnison venait ainsi d'être affai-
blie. Mais l'ennemi, nombreux, put s'opposer à ce
mouvement ; et Ricciotti, après avoir pris d'assaut la
position de Crépand, se trouva débordé sur ses
flancs, presque cerné même, et put à grand'peine se
retirer dans la direction de Flavigny, par la vallée
de la Brenne.

Jeune, ardent, plein de vigueur et de bravoure,
Ricciotti excellait dans l'exécution de ces coups de
main qui exigent de la décision et de l'audace ;
mais, le 8 janvier, il se montra aventureux ; son projet, avec un adversaire comme celui qu'il avait en
face de lui, étant bien difficilement réalisable, en
plein jour, sans artillerie et avec des effectifs aussi
réduits que ceux dont il disposait.

Le 10, dans la matinée, ayant appris que la
quatrième brigade, quelque peu disloquée, ne vien-
drait pas à Précy-sur-Thil, la route lui étant barrée
par l'ennemi aux environs de Semur, et nous trouvant nous-mêmes en l'air dans cette position, nous
nous arrêtâmes au parti de marcher sur les traces
des troupes du colonel Lobbia. Laissant la route de
Semur à gauche, nous prîmes celle de Vitteaux,
gros bourg situé à 18 kilomètres de là.

La nuit précédente, il s'était produit un incident
dont le souvenir m'a toujours fait sourire depuis,
mais qui, dans le moment même, m'avait causé la
plus vive anxiété.

Nous avions été logés, mon fidèle camarade Giet et moi, chez deux vieilles filles au type extraordinaire. Grandes et sèches, le visage parcheminé, elles pouvaient avoir aussi bien cent ans que la soixantaine. Vêtues de robes à fleurs aux jupes plissées, un lourd fichu de laine croisé sur la poitrine, elles portaient, comme coiffure, un ample bonnet blanc tuyauté que recouvrait un immense chapeau Directoire de paille noire.

En voyant entrer chez elles deux hommes armés, et nous prenant sans doute pour des Prussiens, elles avaient donné les signes de la plus vive frayeur, poussant de petits cris inarticulés et dressant leurs longues mains amaigries vers le ciel, comme pour le prendre à témoin du malheur qui leur arrivait.

Nous avions eu toutes les peines du monde à apaiser ces êtres craintifs et à leur faire comprendre que nous ne voulions leur causer aucun désagrément, mais seulement nous reposer, à l'abri, près de leur feu et sur un peu de paille, si elles n'avaient pas autre chose à nous donner.

Rassurées enfin, elles avaient changé d'attitude tout à coup, et nous avaient témoigné la plus vive sollicitude, s'empressant à nous offrir, comme l'eussent fait des enfants, un tas de menus soins dont nous n'avions que faire. Malgré notre résistance, il nous avait fallu accepter de passer la nuit dans leur unique couche, immense lit à la duchesse aux rideaux de perse à grands ramages, pendant qu'elles surveilleraient le feu et prieraient pour nous, disaient-elles.

Dans la nuit, vers deux heures, incommodé presque par le feu d'enfer qu'avaient consciencieusement alimenté nos singulières hôtesses, je m'étais éveillé tout en sueur. Mon compagnon dormait à poings fermés et, près du foyer, dont la lueur éclairait toute la pièce, les deux bonnes vieilles, assises en face et tout près l'une de l'autre dans leurs chaises basses à hauts dossiers, s'étaient assoupies, la tête penchée en avant, le faîte de leurs immenses chapeaux se touchant presque.

Le silence profond de la nuit n'était troublé que par le vieux coucou pendu au mur, et au tic tac sec duquel se mêlait le joyeux chant de la flamme qui, vive et gaie, s'élevait dans l'âtre, comme il arrive par les grands froids. Tout à coup, j'avais perçu le bruit des pas d'une troupe nombreuse ; puis, celui de voix animées. La troupe se rapprochant, j'avais pu discerner les sons articulés et, il n'y avait pas à s'y méprendre, ce n'était pas en français que s'exprimaient les arrivants, mais bien dans un dialecte germanique.

Que s'était-il donc passé? Les Prussiens avaient-ils envahi le village, et tous nos camarades étaient-ils déjà pris, comme nous pouvions craindre de l'être bientôt nous-mêmes?

Au milieu des mille pensées qui m'avaient assailli dans ces rapides instants, j'avais surtout éprouvé

la surprise de n'avoir rien entendu. La chose avait-
elle pu se passer si facilement, sans un coup de
fusil, alors que nous avions un poste de quelques
hommes à chaque issue du pays? Et cependant,
c'était bien des paroles allemandes que j'avais
entendues, ainsi qu'en témoignaient les « ia » et
autres interjections qui s'échappaient, nombreux,
du groupe en marche !

Mais le bruit s'était éloigné; la troupe avait passé
outre et, m'étant glissé avec rapidité du côté de la
porte, je l'avais entr'ouverte pour jeter un coup
d'œil au dehors. J'avais alors aperçu se dressant
sur la neige, nettement, dans la nuit claire, les
silhouettes de soldats français... C'était un corps
franc alsacien, de Colmar, si j'ai bonne mémoire,
qui était alors pourvu de l'uniforme de notre infanterie de ligne. Coupé du gros de la brigade de
Ricciotti après l'attaque manquée de Montbard, la
veille, il avait échappé aux Allemands et s'était
rabattu sur Précy, pour, de là, rallier son corps principal, après avoir pris un peu de repos...

J'étais alors revenu, sans bruit, reprendre ma
place au lit près de mon excellent camarade, dont
je pouvais me féliciter de n'avoir pas troublé le
sommeil et qui, comme moi, le lendemain, avait ri
de bon cœur de cette plaisante alerte.

Partis de Précy-sur-Thil vers dix heures, nous
arrivions à Vitteaux à trois heures de l'après-midi,

après une halte d'une heure à Pont-Royal, où la route coupe le canal de Bourgogne. La deuxième brigade occupait le pays ; et force nous fut d'aller chercher un gîte à Cessais, tout petit village situé à deux mille mètres au nord-est dans la montagne, où on dut nous loger par groupes de quatre à six.

Malgré les bonnes dispositions des habitants, la plupart d'entre nous passèrent la nuit dans des conditions précaires, et ne purent même qu'avec peine se procurer les aliments indispensables, tant les ressources du pays étaient restreintes.

Plus heureux, nous fûmes envoyés, trois camarades et moi, chez le curé de Cessais.

L'abbé Thibit était alors un vieillard de soixante-dix ans environ, grand, sec, au visage d'ascète. Averti de notre arrivée par sa nièce, douce et toute jeune fille de seize ans, il accourut à notre rencontre et, dans sa précipitation, ayant glissé sur la neige durcie, il tomba, au moment où il allait nous aborder. Nous nous précipitâmes vers lui ; mais, avec la prestesse d'un jeune homme, il s'était déjà remis sur pied. Il ne s'était fait aucun mal, fort heureusement, et ce fut en souriant qu'il nous demanda ce que nous exigions de lui. Sur notre réponse, il nous fit donner les deux meilleurs lits du presbytère et nous invita à dîner.

Le repas, qu'il présida, fut un peu froid au début. Visiblement, le vieux prêtre était tiraillé entre les sentiments de chrétien et de bon Français qui déter-

minaient son impulsion sympathique vers nous, et
le scrupule d'héberger des soldats de Garibaldi.
Mais, peu à peu, la glace se fondit. Notre hôte nous
confia qu'il avait dans sa cave une cachette murée,
où il avait mis son vieux vin à l'abri des indiscrétions
de l'ennemi, dont des détachements avaient été
envoyés dans le village à plusieurs reprises déjà, et
qu'il en avait fait extraire à notre intention quelques
bonnes bouteilles. Sous l'action bienfaisante de ce
breuvage généreux, qu'il nous versa libéralement,
la conversation s'anima bientôt, devint cordiale, et
c'est aux approches de minuit seulement que l'excellent homme se retira, tandis que nous allions
nous-mêmes chercher un peu de repos dans le
sommeil.

Nous aurions volontiers fait la grasse matinée
dans les moelleuses couches que nous devions à
l'humanité de notre hôte; mais, dès quatre heures
du matin, le sifflet de notre sergent nous réveilla,
et, après avoir pris congé du bon curé Thibit, nous
allâmes rejoindre les camarades qui, déjà, descen-
daient à Vitteaux.

La veille au soir, peu de temps après notre installation au cantonnement, le colonel Lobbia, ayant
appris notre arrivée, était venu jusqu'à Cessais et
avait vivement engagé nos chefs à le suivre. Il leur
avait représenté que, si nous persistions à vouloir
rejoindre Ricciotti, nous allions courir le risque, vu
notre petit nombre, de nous faire enlever par l'un

ou l'autre des forts détachements ennemis au milieu desquels nous allions nous trouver bientôt, et que la marche en colonne nous offrait plus de sécurité : « Si, avait-il ajouté, dans le cours de nos opérations, les circonstances nous mettent à proximité de la quatrième brigade, il vous sera toujours loisible de vous y rallier. »

La proposition était sage ; elle avait été acceptée, et c'était la deuxième brigade que nous allions rejoindre à Vitteaux, d'où elle partit à six heures.

Nous allions accomplir une marche ininterrompue de six jours, au cours de laquelle, si nous n'avons pas eu à combattre, nous avons couru les plus grands dangers et enduré les plus dures fatigues.

A chaque instant, nous nous attendions à cette première rencontre avec l'ennemi que nous appelions de tous nos vœux. Nous cheminions au milieu des Prussiens, dont les habitants du pays nous signalaient partout la présence autour et non loin de nous. Mais, au lieu de marcher sur les points signalés, nous poursuivions notre route avec une hâte toujours plus grande, nous arrêtant à peine de ci et de là, pour prendre d'un trait l'eau-de-vie de marc que les habitants des villages traversés nous versaient par rasades et qui, pendant les derniers jours, avec l'écuellée de soupe happée au passage, le pain gelé que nous portions avec nous et un peu de fromage quand nous en trouvions, constitua toute notre subsistance. La bête humaine est résistante !

C'était un régime qu'il nous eût été impossible de supporter longtemps, mais qui, dans les conjonctures où nous nous trouvions, nous tint en haleine et nous donna le coup de fouet dont nous avions besoin.

Dans l'ignorance où nous étions de notre situation véritable et des nécessités qu'elle comportait, combien de fois ne nous sommes-nous pas élevés contre ces marches qui, au lieu de nous conduire à l'ennemi, semblaient tendre à nous soustraire à ses propres attaques! Et nous avions fini par nous décerner à nous-mêmes le titre peu glorieux de « chasseurs de kilomètres ».

Les troupes de Ricciotti et du colonel Lobbia, lancées en enfants perdus dans la région accidentée comprise entre Dijon et Langres, avaient pour mission d'éventer l'ennemi, de déterminer l'importance et la direction de ses forces, et, autant que possible, de l'inquiéter et de le retarder dans sa marche. En fait, sans artillerie, absolument en l'air à dix lieues de l'armée et à peine à même, réunies, d'opposer à l'ennemi deux mille cinq cents fusils, elles ne pouvaient pas tenter d'opérations sérieuses contre les gros détachements allemands au milieu desquels elles évoluaient; elles devaient s'en tenir à la première partie de leur tâche, et elles l'ont remplie.

Et si Garibaldi a pu dire, depuis, qu'il a toujours ignoré l'importance des mouvements que les Allemands accomplissaient entre les deux places, c'est que son état-major qui, lui, était renseigné, ne le tenait pas au courant de nos découvertes.

Dès le 10 janvier, en effet, ainsi qu'il l'a écrit lui-même récemment, sans parler des indications positives que la deuxième brigade a pu transmettre de son côté, plus tard, Ricciotti était assez documenté pour faire un rapport très détaillé à l'état-major général sur l'armée de Manteuffel, qui, forte de cinquante mille hommes environ, se réunissait entre Montbard et Châtillon, c'est-à-dire tout près de nous (1)... Mais revenons à la deuxième brigade.

En quittant Vitteaux, la colonne suivit la route de Genève à Paris jusqu'au village de Posanges. Là, tournant brusquement à droite, elle se mit en devoir de franchir la haute chaîne de collines qui court parallèlement de ce côté. La température, après quelques fluctuations, approchait alors du point le plus bas qu'elle devait atteindre quelques jours plus tard dans ces contrées, vingt-cinq degrés, et était intolérable. La neige tombait à gros flocons, remplissait le chemin étroit et encaissé parfois que nous suivions, et, dans certains endroits, nous y enfoncions jusqu'au-dessus du genou.

Le soir, après avoir atteint Poiseul-la-Ville par Dampierre-en-Montagne, Jailly-les-Moulins, Boux-

(1) *Souvenirs de la campagne de* 1870-71, par Ricciotti GARIBALDI (1899).

sous-Salmaise, Blessey et Saint-Germain-source-Seine, et être revenus au sud jusqu'à Thenissey et Boux, où nous avions retraversé deux fois la ligne de Paris déjà franchie le matin, nous avions de nouveau pris la direction du nord pour gagner Chanceaux.

En raison de la proximité de l'ennemi, qui lui est signalé dans diverses directions, à petite distance, au nord et à l'ouest, le colonel a laissé sa cavalerie à Poiseul-la-Ville et réparti son infanterie entre Aignay, Chanceaux et Billy-lès-Chanceaux.

Arrivés les derniers à Chanceaux, où se trouvent déjà le détachement du génie avec le convoi et un bataillon marseillais, nous recevons l'ordre de pousser jusqu'à Courceaux, tout petit village de quelques feux à deux kilomètres plus loin, à peu de distance des sources de la Seine, qui y passe et qu'on peut sauter là à pieds joints.

A Flavigny, le matin, pendant que notre brigade, laissant à quelque distance à gauche cette localité, poursuivait sa route sur Poiseul-la-Ville, Ricciotti, que le colonel Lobbia y avait été voir, avait vainement tenté d'amener ce dernier à se replier sur Dijon, en lui faisant valoir le péril des marches qu'il allait entreprendre au milieu de l'armée de Manteuffel. S'appuyant sur les instructions qu'il avait reçues, Lobbia s'y était refusé.

Ricciotti, qui, en ce qui le concerne, ne pouvait obtenir d'instructions précises et qu'on laissait

libre d'agir à sa guise, jugea alors utile, de son côté,
de manœuvrer dans la région, tout en veillant à ses
communications, pour observer et signaler les
troupes ennemies qui la traversaient. Et il avait fait
prendre à sa brigade la route de Darcey, où il avait
appris qu'une colonne prussienne effectuait des
réquisitions à Baigneux-les-Juifs. Pressant sa marche, il était tombé sur l'ennemi, qu'il avait contraint à se retirer après lui avoir enlevé douze prisonniers et trois voitures chargées de vivres.

Le lendemain, 12, la quatrième brigade s'était
mise en marche sur Aignay-le-Duc, et nous nous disposions nous-mêmes à marcher sur Echalot; mais le
colonel avait appris qu'à cinq heures du matin une
colonne prussienne était arrivée à Baigneux-les-Juifs
et qu'une seconde colonne ennemie, partie de Montbard, se dirigeait sur Darcey. S'attendant d'être
attaqué en route, et en queue, il avait pris ses dispositions en conséquence.

Dans la matinée, nous eûmes une alerte qui nous
tint un certain temps en éveil. Nous entendions le
bruit sourd du canon, sans qu'il nous fût possible
de préciser d'où il venait. Nous avions pris les
armes et nos dispositions pour surveiller utilement
les routes de Frolois et de Baigneux-les-Juifs, par
où l'ennemi pouvait arriver, lorsque nous reçûmes
l'ordre d'abandonner Courceaux pour nous reporter
un peu en arrière, sur la route, en avant de Chanceaux.

Pendant que les cavaliers de la brigade partaient à la découverte dans des directions différentes, nous restâmes là tout le reste de la journée dans l'attente, l'arme au pied, ce qui nous fatigua beaucoup plus que si nous avions marché.

Dans la soirée, nous apprîmes que la courte canonnade entendue dans la matinée avait été dirigée sur nos avant-postes de Laperrière, à une lieue et demie en avant, par l'artillerie d'une colonne mixte allemande venue de l'ouest; mais l'ennemi s'était retiré sans insister devant l'attitude très ferme de nos grand'gardes.

A cette occasion, le colonel Lobbia venait de se livrer à un double acte d'autorité qui fut diversement apprécié. Il avait renvoyé à Dijon le lieutenant-colonel B..., commandant ses deux escadrons de guides, et le commandant Jolivalt, chef d'état-major de la brigade. Le premier, un Italien, était un personnage outrecuidant, plein de jactance, et dont les mérites étaient loin d'égaler la suffisance; son éloignement ne souleva aucune protestation. Quant à la mesure prise contre le chef d'état-major de la brigade, elle n'obtint pas le même assentiment.

Le commandant Jolivalt, du corps d'état-major français, avait fait les campagnes de Crimée et d'Italie. C'était un officier de mérite, plein de tact et de savoir, universellement estimé de ceux qui savent apprécier les caractères. Lors de la tentative

sur Dijon, le 26 novembre, il avait donné la mesure
de sa valeur, en suppléant par les dispositions qu'il
avait prises à l'incapacité flagrante du lieutenant-
colonel Delpech, qui commandait alors la deuxième
brigade.

Dans la journée qui nous occupe, celle du 12 janvier, le commandant Jolivalt, s'inspirant de l'esprit
plutôt que de la lettre étroite des ordres qu'il avait
reçus du colonel Lobbia, en avait modifié l'exécution
au gré des circonstances. Le commandant de la
brigade avait vu un acte de désobéissance là où il
n'y avait eu, en réalité, qu'un trait d'initiative ; et,
se laissant aller à l'un de ces mouvements d'humeur
qui lui étaient coutumiers, il n'avait pas hésité à se
séparer de son chef d'état-major.

Le colonel Lobbia, d'origine vénitienne, avait
longtemps servi en qualité d'officier du génie dans
l'armée piémontaise. Comme commandant dans
l'arme, il avait fait la campagne de 1859 contre
l'Autriche. Depuis, il avait versé dans la politique,
s'était fait élire député, était devenu chef de l'opposition en Italie et s'était rendu célèbre par l'affaire
dite des « tabacs », sur laquelle la lumière n'a jamais
été complètement faite.

Garibaldi, avec qui il avait fait la campagne de
Sicile et de Naples en 1860, puis celle de 1866-67
contre l'Autriche, l'avait appelé pour remplir les
fonctions de sous-chef d'état-major de l'armée des
Vosges, avec le grade de lieutenant-colonel, et lui

avait confié le commandement de la deuxième brigade après le départ de Delpech.

Au physique, le colonel Lobbia était un homme
d'assez haute taille, très sec, moustaches et cheveux
gris, à la physionomie fine et énergique. Il parlait
correctement le français, avec un accent italien
prononcé, mais la voix était éraillée, l'organe
déplaisant. D'allure distinguée, élégant et ferme
quand il allait à pied, il se tenait à cheval un peu
penché à droite, par suite d'un coup de couteau dans
la région du foie reçu quelques années auparavant,
au cours d'une tentative d'assassinat dont les auteurs,
armés par le gouvernement italien, a-t-on prétendu,
n'ont jamais été découverts. C'était, en résumé, un
homme d'une valeur incontestable; mais, nerveux,
emporté, cassant, il faisait la vie dure à tous ceux
qui l'entouraient.

Déjà, à Vitteaux, quelques jours auparavant,
il s'était assez brusquement séparé de la signora
Mario-White, qui accompagnait la colonne comme
ambulancière.

Mme Mario, d'origine anglaise et mariée à un
député italien, était une des personnalités garibaldiennes les plus en vue. Correspondante du *New
York Herald*, elle avait fait comme infirmière la
campagne de 1866-67 contre l'Autriche, avec
Garibaldi, sur qui elle avait publié plusieurs
ouvrages. C'était une femme de sang-froid et de
grand courage, que l'on vit souvent s'occuper des

blessés jusqu'au milieu des balles. Pendant la campagne de France, elle suppléa à l'insuffisance des ambulances garibaldiennes par le zèle infatigable qu'elle mit au service des malades et des blessés, dont plus d'un lui doit la vie. Grâce à elle, les Anglais, si peu sympathiques en majorité à la cause française, envoyèrent à l'armée des Vosges pour plus de 25,000 francs de médicaments et d'instruments de chirurgie. Mais, avec tant de qualités réelles, elle ne pouvait pas ne pas avoir quelque défaut; elle avait surtout celui de sortir souvent de son rôle, de s'occuper un peu de tout, des choses les plus étrangères à sa mission de charité; et le colonel Lobbia, peu endurant, l'avait invitée à retourner à Dijon, où elle se rendit plus utile, du reste, qu'elle n'aurait pu l'être à la deuxième brigade.

Nous passâmes la nuit du 12 au 13 à Chanceaux, pêle-mêle, dans les granges, la salle d'école, l'église, sur la paille, et quelle paille! hachée, remplie de vermine, réduite presque à l'état de fumier! et nous nous remîmes en marche, à huit heures du matin, vers une destination inconnue.

Après avoir traversé les villages de Poncey-lès-Pellerey, La Margelle, Frénois, nous arrivions à midi à Moloy-la-Ville.

À l'entrée du village, des hussards français au dolman brun, nous regardaient passer.

Ils étaient en reconnaissance dans le pays et nous apprirent que l'armée de Bourbaki, dont ils faisaient partie, opérait déjà sous Belfort dont ils nous présentèrent la délivrance comme certaine et imminente.

Ces bonnes nouvelles qui, malheureusement, ne devaient point se réaliser, étaient les premières que nous eussions sur les grands mouvements de nos armées depuis notre départ de Bordeaux; elles répondaient à notre constant espoir et nous comblèrent de joie. Aussi, est-ce d'un pas léger, allègre, que nous nous dirigeâmes vers le château, où quiconque se présentait recevait en quantité suffisante des aliments chauds, sur l'ordre de la châtelaine, Mme Thoureau. Rien n'était plus touchant que de voir cette excellente et respectable femme, qui fléchissait sous le poids de ses quatre-vingt-deux ans, rassembler les forces qui lui restaient pour circuler au milieu de nos groupes et nous adresser quelques paroles d'encouragement. Elle pleurait en nous voyant et multipliait les recommandations à ses gens pour qu'on nous traitât bien.

Combien de malheureux, que les souffrances et les privations ont déprimés au cours de cette pénible campagne, eussent fait meilleure contenance devant l'ennemi si, de temps à autre, ils avaient eu le réconfort de quelques soins matériels et de ces bonnes paroles venant du cœur, dont l'homme a d'autant plus besoin que les épreuves qu'il subit sont plus rigoureuses!

C'est restaurés, réchauffés et joyeux que, en

quittant Moloy-la-Ville, nous franchîmes la dure et longue rampe qui serpente au flanc de la montagne, marchant sur Salives, à trois lieues de là environ et où nous devions passer la nuit.

Des troupes nombreuses de l'armée de l'Est avaient fait séjour successivement dans ce tout petit pays; elles l'avaient mis à sec, et c'est à grand'-peine que les mille à douze cents hommes de la brigade purent y vivre et s'y loger.

Chacun, comme toujours, dut s'arranger comme il put. Pour ma part, après avoir vainement cherché pendant un certain temps, je finis par attraper, moyennant les quelques sous qui me restaient, de quoi me satisfaire l'estomac; puis, très las, j'allai m'étendre dans la salle d'école, sur la paille fétide qu'avaient foulée et contaminée les centaines d'hommes qui s'y étaient couchés avant nous. Mais nous n'y regardions plus de si près. Depuis Moulins, nous n'avions eu ni le temps ni les moyens de prendre soin de nos personnes, et nous étions déjà la proie de ces hôtes incommodes que connaissent bien toutes les armées en campagne, et dont nous ne devions plus nous délivrer complètement qu'une fois rentrés dans nos foyers.

La fatigue, au surplus, les privations déjà endurées commençaient à nous endurcir et aussi à nous aigrir, à développer chez les meilleurs cette insensibilité particulière qui, en dehors d'une amitié étroite, finit par rendre chacun indifférent à ce qui

touche le voisin. Et notre officier, Laumain, un
vrai Gaulois, ami excellent, chef dévoué et, de
plus, homme d'une vigueur physique rare, avait
beau nous recommander, usant de son expression
favorite, « d'être stoïques, » nous nous montrions
de moins en moins endurants à l'égard de certains
actes émanant de volontaires des autres corps, de
ces menues contrariétés qui émaillent la vie collec-
tive du soldat en campagne et que, quelques jours
auparavant, nous eussions sans nul doute envi-
sagés avec plus de patience. En un mot, nous nous
sentions de plus en plus enclins à la violence.

C'est ainsi qu'à Salives, une rixe qui aurait pu
avoir des suites sérieuses, avait failli se produire
entre quelques-uns de nos *guides* de nationalité
italienne et l'un des nôtres, Louis Masson, jeune
homme plein de vigueur et d'énergie, dont la conduite en face de l'ennemi devait être si courageuse quelques jours plus tard.

Quelques amis et lui, ils avaient découvert, non
sans avoir beaucoup cherché, un petit local et pris
leurs dispositions pour y prendre leur repas et
passer la nuit. Après avoir déposé leurs armes dans
la pièce, ils étaient allés chacun de son côté à la
recherche de vivres. Mais quel n'avait pas été
l'étonnement de Louis Masson lorsque, quelques
instants après, revenu le premier au logis, il l'avait
trouvé envahi par une bande de cavaliers italiens. Il
déposa doucement dans un coin les victuailles dont

il avait les mains encombrées; puis, posément,
il fit observer aux intrus que la place était déjà
prise, ainsi que l'attestaient les armes déposées là
avant qu'ils y vinssent eux-mêmes. Or, ils ne l'en-
tendaient pas de cette façon, et ils lui firent comprendre à leur tour que leur intention était que ce
fût lui qui vidât les lieux. Mais ils avaient affaire à
un homme qui ne lâche jamais le morceau. Voyant
que la persuasion resterait sans action sur les gaillards qu'il avait en face de lui, il sauta sur sa carabine, la saisit par le bout du canon et, la brandis-
sant d'une main vigoureuse, il déclara aux Italiens
interloqués que, s'ils ne sortaient pas, et immédiatement, par la porte, il les ferait tous passer par la
fenêtre que, dans un geste rapide, il venait d'ouvrir
toute grande. Nos gens se mirent à faire un bruit
de tous les diables, jurant et sacrant à l'italienne
par des « sacramenti » innombrables ; mais ils
ramassèrent prestement leurs sabres et leurs porte-
manteaux et déguerpirent avec ensemble, juste
pour permettre aux camarades, qui rentraient, de
féliciter notre ami de son énergique attitude....

CHAPITRE VI

Le 14, à cinq heures du matin, tandis que Ricciotti qui, après l'affaire de Baigneux-les-Juifs, avait poussé jusqu'à Aignay-le-Duc, quittait cette dernière localité pour se rabattre vers le sud à la nouvelle que de fortes colonnes prussiennes occupaient Villaines, Saint-Marc et Broingt-les-Moines, nous partions nous-mêmes de Salives pour gagner Grancey-le-Château par Avot et Courlon. Deux corps marseillais et les guides, envoyés dès l'avant-veille à Échalot, pour couvrir la marche de la colonne à gauche, étaient rentrés successivement à Salives la veille au soir et dans la nuit même. Nous marchions silencieux et mornes, attristés par le froid qui nous pénétrait, et dont nous souffrions d'autant plus que nous marchions avec une extrême lenteur. Enfin, vers neuf heures seulement, après avoir fait des haltes fréquentes pour attendre et utiliser les renseignements que nos guides nous rapportaient à tout moment sur la marche de l'ennemi lui-même, nous arrivions à Avot, où la quatrième brigade se trouvait déjà. Nous avions le loisir alors de nous joindre à Ricciotti; mais sur les vives instances du colonel Lobbia, nous consentîmes à rester définitivement avec lui.

A Avot, le commandant de la deuxième brigade fut rejoint par le chef d'escadron Castellazzo, qui avait la mission de lui remettre 90,000 francs pour les besoins de sa troupe, et était envoyé pour remplir près de lui les fonctions de chef d'état-major.

A ce moment, les deux brigades qui, jusque-là, avaient manœuvré sous les ordres du colonel Lobbia, se séparèrent. Ricciotti se disposa à gagner Is-sur-Tille, puis Dijon; tandis que le colonel Lobbia, s'en tenant toujours aux instructions qu'il avait reçues, décidait de poursuivre seul la marche qui avait pour premier objet de le conduire à Langres.

Après un arrêt de quelques minutes seulement, nous poursuivîmes notre route vers le nord. Le petit peloton de Jonzac marchait à l'extrême pointe d'avant-garde, la carabine chargée.

A peine avions-nous fait deux kilomètres au delà de Courlon, sur la route de Grancey, qu'un de nos guides, accouru à toute bride, vint nous transmettre l'ordre de rétrograder. Le colonel venait d'apprendre la présence vers Recey de nombreuses troupes allemandes, dont les éclaireurs étaient même signalés aux abords de Grancey, sans parler des colonnes

ennemies qui, de Chanceaux, semblaient avoir pour
objectif Is-sur-Tille ; et nous allions nous trouver
pris entre les mâchoires de la tenaille formée par
ces différents corps, tous en marche vers l'est.
C'étaient les premiers éléments de l'armée de Manteuffel qui, sur l'ordre de son chef, s'ébranlait tout
entière, à ce moment même, pour accomplir l'audacieux mouvement qui devait la mettre à même de
dégager Werder sous Belfort, et de consommer la
perte de l'armée de Bourbaki.

La brigade fit alors demi-tour et lança vivement
dans la direction d'Is-sur-Tille sa tête de colonne,
qui poussa heureusement jusqu'à Marey-sur-Tille,
où nous fîmes une courte halte. Puis, le soir, fatigués par une marche précipitée, nous pûmes
atteindre sans encombre, par Villey et Crécey-sur-
Tille, le gros bourg de Selongey.

Malheureusement, le progrès des colonnes allemandes, qui allaient bientôt atteindre Til-Châtel
au sud, rendait désormais très douteuse pour nous,
l'eussions-nous voulu, la possibilité de revenir sur
Dijon ; et l'avance que, de leur côté, prenaient les
troupes ennemies en marche parallèlement, plus au
nord, sous le canon même de Langres, semblait
aussi nous fermer toute issue du côté de cette place.

Ce qui surtout rendait notre situation périlleuse,
c'était le lourd convoi d'artifice que nous traînions
après nous. Seules, entraînées, surexcitées comme
l'étaient alors les troupes de la colonne, elles

auraient certainement pu échapper sans peine, en se fractionnant au besoin, pour mieux se glisser la nuit entre les mailles du réseau qui à vue d'œil les enveloppait, et rallier l'armée. Mais la présence du convoi s'opposait à cette manœuvre ; sous peine de le voir sûrement tomber aux mains de l'ennemi, il nous fallait lui prêter l'appui de nos forces groupées, et c'est miracle que, traqués de toutes parts comme nous l'avons été durant les deux derniers jours, nous ayons pu réussir à le sauver.

Le colonel Lobbia, dont la personnalité fut discutable à d'autres égards et qui, le 28 janvier notamment, à l'attaque de Prauthoy, devait observer une attitude si difficile à expliquer, fit preuve de décision, d'énergie et d'habileté dans sa marche sur Langres, et il convient de lui rendre sur ce point la justice qui lui est due.

Les Allemands nous débordent alors de partout ; ils occupent pour ainsi dire toute la contrée et tiennent toutes les voies de communication, au nord, au sud et à l'ouest. Au nord spécialement, ils occupent en forces Auberive, et ont poussé leurs avant-postes jusqu'à Vaillant, Longeau et Prauthoy. Nous n'avons plus qu'une chance de salut : dépasser dans la direction de l'est, par une marche des plus rapides et avant qu'elles n'aient opéré leur jonction avec les troupes de Werder, les têtes de colonnes prussiennes qui s'acheminent du même côté ; puis, nous jeter brusquement sur

Langres par la voie la plus courte, après avoir
dépisté l'ennemi qui nous poursuit. C'est presque
l'impossible.

Le 15 au matin, à trois heures, nous quittons
Selongey, et fort à propos; car, une demi-heure à
peine après notre départ, l'ennemi y entre à son
tour. Nous cherchons à gagner Champlitte, dans la
Haute-Saône. Mais, arrivé à Sacquenay, le colonel
apprend que notre marche est éventée; les éclaireurs prussiens nous suivent à la piste. Nous des-
cendons alors sur Chaume et marchons ensuite vers
Chazeuil à l'ouest, semblant ainsi chercher à gagner
Dijon par Orville et Til-Châtel. Mais, revenant
brusquement vers l'est, nous nous dirigeons en
toute hâte sur Fontaine-Française, traversons
Pouilly; puis, laissant là la route de Champlitte,
nous remontons vers le nord-ouest et, par Laville-
neuve, Saint-Maurice et Courchamp, nous gagnons
Percey-le-Grand, où nous arrivons vers quatre
heures du soir, après avoir accompli sans manger
une marche de treize heures et de cinquante kilomètres environ, coupée d'arrêts innombrables
marquant autant d'hésitations dans la direction à
prendre. Nous étions rendus, exténués.

Ce qui nous affectait, et beaucoup plus que la fatigue même, c'était l'ignorance complète dans laquelle nous avions toujours été tenus, jusque-là, du
pourquoi de ces marches interminables aux allures
de fuite. Rien n'ayant transpiré de l'objet poursuivi,

nous en étions réduits aux hypothèses. Et Dieu sait jusqu'où, chez des hommes dans notre état d'esprit, l'imagination peut conduire sur ce terrain ! Mais il est des conjonctures où le résultat dépend principalement du silence gardé, et nous étions dans ce cas-là.

Nous en étions arrivés, du reste, au moment où, par la force des choses, nous allions être mis au courant de notre situation véritable.

Déjà, dans la soirée, le bruit circula parmi nos groupes que nous étions sur le point d'être cernés; et l'ordre nous fut donné, discrètement, d'avoir à nous tenir prêts à partir au plus tard à trois heures du matin, pour tâcher de nous soustraire par un dernier et sérieux effort aux conséquences de la poursuite acharnée des colonnes allemandes mises à nos trousses. Le but est Langres; mais il ne faut pas compter y atteindre sans de nombreux détours. La journée sera donc encore rude, peut-être la plus dure de toutes.

Ainsi averti, chacun ne songea plus qu'à prendre les forces et le repos dont il sentait avoir besoin pour pouvoir fournir le lendemain l'effort attendu.

Les habitants de Percey-le-Grand, à de rares exceptions près, nous avaient bien accueillis. Ils avaient mis à notre disposition des vivres, des lits et de la paille fraîche en quantité pour ceux qui devaient coucher dans les écuries et les étables.

Je vois encore flamber dans l'immense cheminée de la ferme où nous étions, le feu devant lequel rô-

tissaient à la broche quelques canards offerts
généreusement par notre hôte. Pour des gens
qui, d'habitude, vivaient on ne sait comment, plutôt
très mal, et depuis vingt-quatre heures notamment
ne s'étaient rien mis sous la dent, c'était une vue
bien réjouissante. Et, de fait, nos camarades, auxquels quelques cavaliers de la brigade se trouvaient
mêlés, suivaient d'un œil impatient les progrès de
la cuisson des précieux volatiles, oubliant leurs
misères, un moment, dans la contemplation de cet
alléchant spectacle.

Personnellement, j'étais harassé, fiévreux, presque malade ; j'avais l'estomac fermé et, me conten-
tant d'un peu de pain et de lait chaud, j'allai
m'étendre dans l'étable aux moutons, où personne
ne vint me rejoindre. Enfoncé dans la paille, je par-
vins, bien qu'à grand'peine, à me réchauffer un peu
et je finis par m'endormir.

Quelques-uns de nos amis avaient été logés chez
l'institutrice du village, Mlle Brand, et je ne crois
pas pouvoir passer outre, sans rappeler ici le trait
qui place cette excellente femme au premier rang
parmi les personnes dont nous conserverons le vif
et sympathique souvenir.

Mlle Brand disposait de deux lits, qu'elle avait
obligé nos camarades, qui s'y refusaient, à accepter.
Profitant ensuite de leur sommeil, elle avait ramassé
leurs effets, fouillé dans leurs musettes et dans leurs
poches, et passé la nuit à remettre en état les choses

innomables qu'elle y avait trouvées. Lorsque, vers deux heures et demie du matin et réveillés par elle, nos amis se levèrent pour aller rejoindre la colonne, ils trouvèrent près du grand feu qui flambait dans l'âtre, propres, secs et raccommodés, les caleçons, chemises, mouchoirs et autres objets qu'ils avaient laissés quelques heures auparavant dans un état indescriptible ; tandis qu'à côté, sur la table dressée à leur intention, une copieuse soupe au lard laissait s'échapper l'odorante fumée dont la pièce était déjà toute pleine.

Touchés jusqu'aux larmes, nos amis, dans le moment, ne trouvèrent pas d'expressions qui rendissent comme ils la ressentaient leur reconnaissance pour tant de sollicitude ; mais c'est comme si elle eût été leur mère, qu'ils embrassèrent en partant la femme dévouée dont les sentiments patriotiques venaient de se traduire d'une façon si humaine à leur égard.

A trois heures du matin, la colonne bien au complet se remet en marche. L'ordre le plus grand et le silence nous sont recommandés. Au lieu de nous diriger sur Langres directement, nous prenons la route de Champlitte, qui nous éloigne. Mais c'est seulement en gagnant l'ennemi de vitesse de ce côté que nous pourrons tenter ensuite de nous frayer un chemin ; partout ailleurs, nous irions nous heurter aux détachements prussiens qui, la veille au soir, ont pris possession des cantonnements voisins.

Nous marchons avec une extrême lenteur, et c'est

seulement vers onze heures que nous arrivons à
Champlitte. Les habitants de ce pays nous reçoivent
à bras ouverts. Ils sont joyeux, car les nouvelles
qu'ils viennent de recevoir de Belfort, où combattent
leurs mobiles, sont bonnes. Bourbaki, le 9, a rem-
porté la victoire de Villersexel et vient encore de
battre les Prussiens l'avant-veille à Arcey. Une fois
de plus nos cœurs renaissent à l'espérance; nous
demeurons convaincus que Bourbaki parviendra à
débloquer Belfort, à nettoyer toute la contrée, et
nous nous voyons déjà donnant la chasse aux Allemands dans les Vosges et en Alsace. Nous sommes
loin de penser qu'à quelques jours de là, la capitulation de Paris et le passage de l'armée de l'Est en
Suisse viendront ruiner tous nos rêves patriotiques.

Vers midi, l'ordre du départ est donné. Prestement, la colonne se reforme et nous prenons congé
des braves habitants de Champlitte, qui nous ont
reçus aussi libéralement qu'ils l'ont pu après les passages de troupes françaises et allemandes qu'ils ont
déjà dû subir. Ils nous jettent au passage quelques
paroles cordiales et nous souhaitent bonne chance.

Le froid est intense, cruel. Les routes, que recouvre un épais verglas, sont transformées en canaux
glacés sur lesquels les hommes de la brigade marchent avec la plus grande peine et tombent fréquemment. Un certain nombre se blesseront ainsi d'une
façon sérieuse et, pour ne pas rester en chemin,
devront chercher un refuge sur les voitures du con-

voi. A six heures de l'après-midi, nous arrivons au village de Leffonds, où la colonne ne s'arrétera que le moins possible. Bien que nous soyons sur pied depuis quinze heures, il va nous falloir poursuivre notre marche, sans savoir où, comment, ni quand elle prendra fin. Notre but semble s'éloigner, en effet. Nos cavaliers, qui se replient à chaque instant pour repartir aussitôt dans toutes les directions, nous rapportent des nouvelles de moins en moins rassurantes. Toutes les issues nous sont fermées.

Il est inutile de songer à rejoindre Bourbaki, dont plus de vingt lieues nous séparent. Du reste, toutes les voies de communication qui conduisent vers l'est sont déjà occupées; il en est de même de la route de Gray, au sud. A l'ouest, le pays est couvert des détachements de l'armée de Manteuffel, tout entière en marche depuis trois jours. Langres enfin, notre seul objectif possible, est encore à plus de vingt-cinq kilomètres de nous, en ligne directe, et les routes qui y mènent sont coupées en maints endroits; notre situation semble tout à fait désespérée.

Chez le paysan qui nous a accueillis entre une jeune fille du pays. Elle vient de Montigny, que les Prussiens occupent en forces avec de l'artillerie, et la voiture qui l'a amenée a dû se jeter à plusieurs reprises dans les champs pour pouvoir éviter et dépasser leurs colonnes en marche. C'est la confirmation des renseignements fournis par nos éclaireurs.

Malgré tout, nous allons tenter de gagner Cha-lindrey en continuant de suivre le chemin de grande communication qui, de Champlitte, conduit à cette localité, en longeant la ligne de Gray.

Nous repartons de Leffonds vers sept heures, en chargeant nos armes, car nous nous attendons à être attaqués inopinément. Par surcroît, une violente tempête va s'abattre sur la contrée. Mais, si les éléments déchaînés viennent ajouter encore aux difficultés déjà si grandes de notre marche, ils gêneront aussi les Allemands dans leur poursuite; et, pourvu que nos forces ne nous trahissent pas, nous pourrons peut-être leur échapper, en soutenant notre effort.

Mais nous venons d'apprendre que les Prussiens occupent les abords de Chalindrey. Dans cette direction même, en deçà, ils sont maîtres de la ligne ferrée et de la route que nous devons suivre, non loin de Violot, à une douzaine de kilomètres de Leffonds. Il nous faut donc chercher plus à l'est un débouché, et nous nous engageons en hâte dans la vallée du Salon.

La nuit est des plus obscures. Nous n'apercevons absolument rien autour de nous. Vers neuf heures, la pluie se met à tomber à torrents, glaciale, et nous pénètre jusqu'aux os. Le vent souffle dans tous les sens, en tempête, nous mettant dans l'impossibilité de rester debout isolément quand nous nous arrêtons. Nous allons par monts et par vaux, cheminant partout, dans les voies tracées, à travers champs, dans les bois même, pour raccourcir la colonne dans certains passages et protéger plus sûrement les flancs du convoi. Pour comble, nos chevaux de réquisition, qui ne sont pas ferrés à glace, glissent à chaque pas, ce qui nous met dans l'obligation d'ajouter à notre fatigue celle de hisser nos voitures sur les pentes nombreuses et rapides que nous rencontrons en chemin.

On n'entend, mêlés au bruit des armes violemment heurtées contre le sol, que les plaintes et les jurons étouffés des hommes qui tombent à chaque instant ; tandis que les éclaireurs prussiens, qui nous suivent, cheminent même pêle-mêle avec nous par moment, harcèlent nos traînards, avec mollesse fort heureusement, étant eux-mêmes exténués et troublés par l'obscurité qui s'étend sur tout. Jamais le souvenir de cette nuit vraiment terrible ne s'effacera de la mémoire de ceux qui en ont subi les cruelles péripéties.

Vers deux heures du matin, au moment où nous entrons, sans le savoir, dans le village de Cogirnon, par la descente assez raide qui y donne accès du côté de Bussières, les chevaux se mettent à glisser et, le vent aidant, vont s'affaler, à droite et à gauche, dans les fossés, où ils entraînent nos voitures, dont les lanternes s'éteignent. Le désarroi se met alors parmi nous ; on se heurte, on s'appelle d'un bout à l'autre de la colonne, tout le monde s'agite dans le plus grand désordre, sans qu'il y ait de panique cependant.

C'est à ce moment-là que, à la faveur du tumulte, les éclaireurs prussiens, qui restent comme collés à nos flancs, essaient de couper le convoi comme ils l'ont déjà tenté à Bussières quelques heures auparavant. Ils parviennent un instant à isoler les dernières voitures restées debout au sommet de la côte; mais ils sont rejetés au delà des fossés, de chaque côté du chemin, à coups de crosse; car, dans un pareil tohu-bohu, avec l'obscurité complète dans laquelle nous nous débattons, pas plus d'un côté que de l'autre nul ne peut songer à tirer sans courir le risque d'atteindre les siens tout aussi bien que l'adversaire.

Peu à peu, cependant, quelques points lumineux apparaissent dans la nuit. Ce sont les habitants du village qui, réveillés par le bruit, se sont levés et nous viennent en aide. Grâce à eux, nous parvenons à remettre nos voitures sur pied.

Les maisons se sont aussi ouvertes; un certain nombre des nôtres, épuisés, y sont entrés et, sous l'action bienfaisante des feux qui, bientôt, sont allumés partout à leur intention, ils succombent quelques minutes au sommeil. Cette faiblesse d'un instant leur vaudra d'être coupés de la brigade, et de ne plus pouvoir la rallier qu'à Langres, après avoir erré pendant vingt-quatre heures et plus autour de la place, pourchassés par l'ennemi, traqués partout, dans les bois, sans abris et sans vivres.

Vers trois heures et demie, le colonel a pu remettre son convoi en ordre, et est aussi parvenu à grouper quelques centaines d'hommes. Se sachant serré de très près, il se met alors en tête de ce noyau de colonne et, sans plus attendre, il donne le signal du départ. Il a à son côté un habitant du pays porteur d'un falot, dans le double objet d'éclairer sa marche et de servir de ralliement aux hommes dispersés dans le village. Mais un brouillard intense vient de s'élever, et au bout de quelques pas la lumière disparaît complètement dans la brume. Le colonel nous donne alors l'ordre, à quelques-uns qui nous trouvons près de lui, de parcourir rapidement le village pour jeter dans toutes les maisons où nous verrons briller de la lumière l'avis que la brigade poursuit sa marche sur Langres. Nous nous acquittons de notre mieux de cette mission; mais, au moment où nous passons au pied de l'église pour revenir, un paysan, qui retourne chez lui en courant, nous apprend, tout ému, que les Prussiens viennent d'entrer dans Cogirnon par la route de Bussières que nous avons suivie nous-mêmes. C'est exact. La colonne ennemie est déjà au cœur du pays; elle s'est arrêtée au carrefour, non loin de l'église; nous entendons distinctement les ordres que jettent les officiers d'une voix brève et saccadée et, dans diverses directions, les bruits confus de groupes en fuite. A la faveur du brouillard et en forçant le pas, nous pouvons rejoindre les nôtres sans encombre, précédés et suivis de nombreux retardataires.

Le colonel fait circuler l'avis que si nous pouvons seulement conduire le convoi jusqu'à Chalindrey, dont deux lieues à peine nous séparent, il sera sauvé. Il nous exhorte donc à rassembler toute notre énergie pour accomplir ce dernier effort. Mais nous sommes à bout, épuisés, et nous n'allons plus que machinalement, poussés par la force acquise.

C'est à partir de ce moment et jusqu'au jour, que nous allons éprouver le supplice du sommeil en marchant. Je ne crois pas qu'il y ait de plus vives souffrances, de plus énervantes. Et rien n'y fait, ni la volonté ni l'énergie. Les plus fermes, les plus vigoureux succombent. Le sommeil vient, impérieux; les yeux se ferment invinciblement; tout danse autour de soi, prend le vague du rêve, s'efface peu à peu, disparaît; puis, soudain, un choc violent vous réveille : on vient de choir. On se relève plus ou moins endolori, et on se remet en marche pour tomber de nouveau cent pas plus loin... Les moins malheureux sont ceux qui ont pu saisir un bout de corde pendant d'une voiture, une lanière; ils s'y accrochent en s'en entourant le bras; et, ainsi entraînés, soutenus, ils peuvent céder au besoin de dormir, perdre connaissance un court instant.

Entre cinq et six heures, nous atteignons Chalindrey. A la sortie du village, nous rencontrons des mobiles de la garnison de Langres. Ce n'est pas le hasard qui les a placés là, ils y sont venus pour nous prêter aide.

La veille, dans la matinée (1), le général Meyère, commandant supérieur de Langres, a été informé que la deuxième brigade des Vosges, traînant à sa suite un convoi d'artifice, est poursuivie par l'ennemi et cherche à gagner Langres. Il ignore comment elle arrivera et par quelle voie. De toutes les routes conduisant à la place, le chemin de grande communication de Champlitte à Chalindrey est le seul qu'on disc alors libre, et c'est par là seulement qu'on peut aller au devant du convoi.

Dans la position où se trouve le commandant supérieur, étant bien persuadé qu'il ne recevra plus de munitions du dehors, ce convoi d'artifice peut lui être d'un grand secours. Il donne donc aussitôt à l'un des chefs de bataillon de la mobile de la Haute-Marne, le commandant Dessoffy de Csernek, l'ordre de partir pour Chalindrey avec cinq compagnies et de ramener le convoi à tout prix. Le commandant, suivant les intructions reçues, part sans délai pour Chalindrey où il arrive à la nuit tom-

---

(1) Tout ce qui va suivre touchant les tentatives faites pour nous faciliter l'accès de la place est tiré de l'intéressante brochure publiée en 1873, sous le titre *Langres pendant la guerre de 1870-71*, dont l'auteur anonyme était le capitaine, aujourd'hui général de la Noë, de l'arme du génie.

bante. Il reconnaît que l'ennemi occupe les hauteurs du Cognelot (1), d'où il surveille la route de Champlitte, et il en informe immédiatement son chef.

Le général Meyère lui donne alors l'ordre de dépêcher quelques paysans vers le Pailly, pour tâcher de recueillir des nouvelles de notre colonne, car il importe de lui faciliter l'arrivée à Langres. Le guide qu'il enverra au colonel Lobbia devra lui dire que, quelle que soit la fatigue de sa troupe, il lui faut arriver jusqu'à Chalindrey. Si la colonne, arrivée là, est trop fatiguée, le commandant l'installera à Saint-Vallier et à Saint-Maurice. Dans le cas où quelques voitures de réquisition seront nécessaires, que le commandant, qui connaît le pays, aide à les réunir et télégraphie, dans tous les cas, au commandant supérieur dès qu'il saura quelque chose nous concernant.

Le commandant Dessoffy de Csernek, en exécution de cet ordre, a fait partir des habitants du pays dans la direction du Pailly; mais ils sont revenus peu de temps après pour lui annoncer que l'ennemi occupe ce village et celui de Noidant, tient la voie ferrée à deux kilomètres de la gare de Chalindrey, près de Violot, interceptant ainsi la route de Champlitte, et que la colonne Lobbia, prévenue de la présence d'un corps prussien lui barrant le chemin

(1) Où l'un des forts principaux qui défendent actuellement le camp retranché de Langres a été construit depuis.

de Langres, s'est jetée dans la vallée du Salon pour remonter vers Cogirnon par Bussières.

Le commandant a alors détaché sur Cogirnon le lieutenant Fréresjacques, avec mission de l'informer au plus vite de ce qui se passe de ce côté, pendant que lui-même il prend ses dispositions pour attaquer le Cognelot à la pointe du jour. A trois heures du matin, le lieutenant Fréresjacques est revenu apporter au commandant la nouvelle de l'arrivée du convoi à Cogirnon. Il est porteur d'une lettre du colonel Lobbia annonçant que ses hommes, épuisés, quitteraient cependant le village à quatre heures du matin, car l'ennemi le serre de très près.

Le général Meyère, aussitôt prévenu, ne s'est plus alors préoccupé que de faire arriver à Langres les voitures et les hommes qui cherchent un refuge dans la place ; et il a télégraphié ses derniers ordres dans cet objet, donnant ainsi, jusqu'au dernier moment, les marques de la sollicitude patriotique qui l'a tenu éveillé pendant toute cette longue nuit, au cours de laquelle il n'a pas cessé un instant de suivre les mouvements du détachement qu'il a chargé de ramener cette colonne Lobbia, que l'ennemi cerne d'un côté et poursuit de l'autre.

Mais comme le temps presse, le commandant Dessoffy de Csernek n'a pas attendu de nouveaux ordres. Il a fait aussitôt repartir le lieutenant Fréresjacques pour Cogirnon, lui enjoignant de rassembler les hommes de la colonne Lobbia, quelle

que soit leur fatigue, et d'arriver à Chalindrey
avant le jour. Au moment même où le commandant
reçoit les dernières instructions du général Meyère,
nous défilons dans le village de Chalindrey.

Ce sont les braves mobiles du commandant Dessoffy que nous venons de rencontrer. Le commandant presse la marche du convoi, qu'il fait filer sur
Saint-Maurice, aux portes mêmes de la place, et
nous fait escorter par sa troupe en nous recom-
mandant le plus grand silence. Tout danger n'est
pas écarté, en effet, car, au moment même, les
Prussiens, qui marchent sur nos talons, arrivent à
la gare de Chalindrey, et nous avons encore à défiler
au pied du Cognelot, à moins de mille mètres des
vedettes que l'ennemi a placées sur toutes les
crêtes.

Vers sept heures, nous approchons de Saint-
Vallier et nous pouvons dès lors nous considérer
comme sauvés. Le jour commence à poindre; le
brouillard se dissipe peu à peu, et nous pouvons
apercevoir dans le lointain, perchée sur son plateau
et vraie terre promise, la vieille cité langroise, dont
les monuments se profilent en lignes massives sur
le fond sombre du ciel.

A peine avons-nous dépassé Saint-Maurice que
nous entendons la fusillade éclater derrière nous.
Ce sont les mobiles qui, estimant que nous pouvons nous passer d'eux, nous ont quittés aux
approches de Saint-Vallier et ont été prendre posi-

tion au débouché du tunnel de Culmont, dans la pensée que l'ennemi pourra tenter d'y passer. C'est précisément ce qui vient d'arriver, et l'une de leurs compagnies, placée en embuscade, a ouvert le feu. L'ennemi se retire immédiatement, tandis que nous poursuivons notre marche en toute sécurité.

A dix heures enfin, après avoir usé les dernières forces qui nous restent pour franchir la différence de niveau considérable qui sépare la ville de la plaine, nous faisons notre entrée à Langres par la porte des Moulins, pendant que le fort de la Bonnelle canonne les Prussiens établis au sud de la place, sur la route de Dijon. Nous sommes absolument réduits, exténués, incapables du moindre effort nouveau ; et c'est en nous traînant qu'après quelques minutes d'attente, nous gagnons nos logements respectifs. Nous avons marché pendant trente et une heures, et accompli un trajet de soixante-dix à soixante-quinze kilomètres, dans les conditions que l'on sait.

La colonne n'est pas arrivée au complet à Langres ; une cinquantaine d'hommes environ manquent. Un certain nombre, en quittant Cogirnon à la hâte quand les Prussiens y sont entrés, se sont trompés de direction. Ils ont pris la route de Bâle et, d'après ce qu'on dit, seraient tombés aux mains des Allemands, qui en auraient aussi blessé quelques-uns. Le bruit court également que les éclaireurs ennemis en auraient pendu quelques

autres aux arbres du chemin, par les pieds, après
les avoir bâtonnés. Tous ces bruits sont singulièrement exagérés. En réalité, tous les manquants
réussiront à gagner Langres, après des péripéties plus ou moins nombreuses; et la brigade, au
cours de cette très pénible marche, n'aura perdu
ni une voiture, ni un homme, ce qui constitue
une marque incontestable de vigueur et d'endurance.

Trois de nos volontaires de Jonzac se sont trouvés parmi ceux qui, s'étant si malencontreusement
endormis à Cogirnon, n'ont pu rejoindre la brigade
qu'à Langres. L'un d'eux a atteint la place le
jour même; mais, s'étant présenté après la fermeture des portes, il a dû encore passer la nuit
dehors comme il a pu. Les deux autres ont fait
partie d'un groupe qui n'est parvenu à nous rallier que dans la matinée du 18, après mille vicissitudes, et alors que nous les considérions déjà
comme perdus.

Rejetés du côté des Loges, littéralement noyés
au milieu des Prussiens qui inondaient le pays, ils
avaient inutilement tenté de se glisser du côté de la
place; partout, ils s'étaient heurtés aux détachements ennemis. Signalés de différents côtés, ils
avaient fini par être traqués dans les bois; puis,
pourchassés et repoussés peu à peu vers le sud, ils
s'étaient retrouvés près du village d'Orain, entre
Percey-le-Grand et Champlitte, au moment même

où l'une des colonnes de l'armée de Mauteuffel atteignait cette dernière localité.

Dans l'après-midi, en cherchant, par les bois et guidés par un paysan, à gagner la route de Besançon à Langres, ils s'étaient heurtés à une patrouille de hussards. Arrivés à ce point où on est indifférent à tout, sans songer à ce que leur situation avait déjà de périlleux, ils s'étaient mis immédiatement en mesure d'attaquer les éclaireurs prussiens. Aux premiers coups de fusil, tirés de trop loin, les cavaliers avaient rapidement tourné bride, à l'exception de l'homme de pointe qui, plus courageux sans doute, plus ferme, s'était arrêté comme pour chercher à voir à qui son groupe avait affaire. Prunier, l'un de nos plus beaux tireurs, l'avait alors abattu d'une balle tirée à plus de deux cents pas. Le hussard, atteint dans le dos au moment où il venait de faire volte-face pour s'enfuir à son tour, avait été ramené après le départ des nôtres à Percey-le-Grand, où il expira le lendemain, après avoir pu éviter à la localité, par ses déclarations loyales, une exécution militaire. Les Prussiens qui venaient d'occuper Champlitte, aussitôt informés en effet, avaient envoyé un fort détachement à Orain et à Percey-le-Grand pour châtier ces villages, dans la pensée que la patrouille avait été attaquée par des habitants, ainsi que l'avaient prétendu les cavaliers qui s'étaient enfuis. Mais le malheureux moribond, interrogé, avait déclaré qu'il n'en était rien, qu'il avait bien vu que la patrouille dont il faisait partie avait été attaquée hors des lieux habités par une petite troupe de francs-tireurs, et que c'était à ces derniers seuls qu'il devait son infortune...

Nos camarades, après mille détours, étaient enfin parvenus, comme par miracle, à se faufiler entre les détachements ennemis, et le 18, dans la matinée, ils entraient à Langres par la route de Dijon.

Notre petit peloton de Jonzac se retrouvait donc au complet; et notre joie en était d'autant plus grande, que nous avions pu sérieusement craindre un moment que quelques-uns des nôtres ne se fussent fait prendre.

CHAPITRE VII

Langres. — Les défenses de la place et la garnison. — Siège
imminent. — Composition de la 2ᵉ brigade des Vosges.

Langres figure aujourd'hui au premier rang de
nos places fortes. Centre d'un camp retranché
pourvu de tous les moyens de défense connus, la
vieille cité est considérée à bon droit comme l'un
des principaux remparts du pays.

Étant donnée la situation topographique exceptionnelle de la place, on pourrait croire que, de
tout temps, l'importance militaire en a été appré-
ciée. Il n'en est rien. Le commandant, aujourd'hui
général de Piépape, établit en effet, dans l'intéres-
sant ouvrage qu'il a consacré à son pays natal (1),
que, avant l'invasion des alliés en 1814, la position
militaire de Langres avait été à peine remarquée,
et qu'il faut remonter jusqu'au temps de César et
de Vercingétorix pour retrouver la véritable valeur
stratégique du sol. L'attention de Napoléon Iᵉʳ lui-

(1) *Histoire militaire du pays de Langres et du Bassigny.*

même ne se fixa sur Langres que lorsqu'il eut vu l'ennemi pénétrer en France par la trouée de Belfort. En 1870 enfin, malgré les leçons du passé, les défenses de la place n'avaient pas reçu le développement nécessaire.

En outre de la citadelle, qui ne fut construite qu'en 1842, il n'y avait en 1870, comme défenses extérieures, que les forts de Peigney et de la Bonnelle qu'on s'était décidé à édifier après Sadowa. C'était insuffisant.

Des ouvrages de fortification passagère, exécutés à la hâte après la déclaration de guerre, vinrent cependant étendre les moyens de défense, et si des personnes autorisées ont pu penser que ces ouvrages, trop rapprochés de la ville, ne l'eussent pas mise à l'abri des coups de l'artillerie de siège allemande, ils n'en étaient pas moins en état de maintenir l'ennemi à une assez grande distance.

Quand la guerre prit fin, « trente-sept magasins blindés abritaient les munitions. Un chemin stratégique reliait la Bonnelle à la citadelle. Enfin, un réseau télégraphique mettait en communication tous les forts avec la place et l'hôtel du commandant supérieur...

« De son côté l'intendance faisait rentrer les denrées nécessaires à l'entretien pendant trois mois d'une garnison de dix mille hommes (1). »

____

(1) Commandant DE PIÉPAPE, *Histoire militaire de Langres.*

En présence de tous ces efforts, il ne semble pas que Langres ait eu la part qui lui revenait dans le souvenir consacré à la défense en 1870-71 ; et à ce sujet, le capitaine aujourd'hui général de la Noë, qui appartenait alors au génie de la place, a pu s'exprimer dans ces termes (1) :

« Après deux années écoulées, c'est à peine si l'on se souvient des soldats improvisés qui, autour de Langres, ont pendant cinq mois inquiété les marches de l'ennemi, en combattant toujours contre des forces supérieures... Les officiers qui ont, en face de l'ennemi, fortifié la ville, n'ont guère rencontré que le blâme ou l'indifférence ; on ne s'est pas demandé s'il leur eût été possible de faire davantage ; on a oublié que quarante engagements avaient eu lieu autour de la place, et que dans la plupart d'entre eux des poignées d'hommes avaient montré un incontestable courage... »

A l'époque où nous sommes entrés dans la place, une grande activité continuait d'y régner. Au vieux général Arbellot, tiré de la disponibilité le 6 septembre pour prendre le commandement supérieur, et que sa santé avait bientôt trahi, venait de succéder son chef d'état-major, le lieutenant-colonel du génie Meyère, avec le titre de général d'armée auxiliaire.

L'impression qui se dégageait de tout ce qui se passait autour de nous était sérieuse. On sentait

(1) *Langres pendant la guerre de 1870-71.*

qu'un effort soutenu s'accomplissait là ; et si le siège eût été mis devant la place, ce qui serait arrivé dans un délai très rapproché si les hostilités avaient repris après l'armistice, personne ne doutait que le commandement eût su tirer tout le parti possible des éléments cependant très mêlés dont il disposait.

La garnison atteignait alors au chiffre élevé de 15,000 hommes environ, auxquels venait s'ajouter l'effectif de notre brigade. Mais ces gros effectifs (1), eu égard à l'insuffisance militaire et au mauvais vouloir de la plupart des éléments qui les composaient, offraient plus d'inconvénients que d'avantages. Il fallait loger et nourrir tout ce monde, et cette partie du problème n'était pas le moindre souci du commandant supérieur.

Si encore, on avait pu croire à la bonne volonté de ces masses en présence de l'ennemi !... Mais c'était une illusion chimérique que le commandement ne pouvait pas avoir, dit le capitaine de la Noë ; car les désertions qui, faibles dans les troupes de ligne et la garde mobile, atteignaient chez les gardes nationaux mobilisés « un chiffre inqualifiable », fournissaient la preuve évidente qu'on ne pouvait pas « compter pour une défense sérieuse de la place sur des mécontents qui ne voulaient pas se reconnaitre soldats ».

(1) Où figuraient en grand nombre des gardes nationaux mobilisés de la région, dont la tenue au feu, à part de très rares exceptions, s'était montrée déplorable en toute circonstance.

Le même auteur, que la position qu'il occupait
près du commandant supérieur mettait à même de
savoir ce que ce dernier pensait, a cru pouvoir dire
que le général Meyère n'aurait pas hésité si, après
l'armistice, il eût fallu fermer les portes pour ne
plus les rouvrir, à faire appel aux gardes nationaux
mobilisés de bonne volonté, et à rendre la liberté
aux mécontents et aux timides, se basant sur cette
considération judicieuse « que 8,000 hommes dé-
cidés à se défendre et que des approvisionnements
devenus alors plus que suffisants auraient garantis
des souffrances du siège, assuraient à ses yeux bien
mieux la défense qu'une fourmilière d'hommes
indisciplinés et mécontents... »

Après les fatigues que nous venions de supporter,
les quelques jours de repos dont nous avions besoin
pour nous refaire nous furent accordés. Nous en
profitâmes pour remettre tant bien que mal en état
notre équipement et nos armes, dont nous n'avions
pu prendre aucun soin sérieux jusque-là.

Malgré les charges que leur imposait la présence
dans leurs murs d'une garnison nombreuse, les
habitants de Langres se montrèrent hospitaliers.
Partout, nos volontaires furent accueillis avec bonté
et furent l'objet des soins les plus empressés. Personnellement, je fis partie d'un groupe que sa bonne
étoile avait envoyé au n° 4 de la rue des Moulins (1),

(1) Aujourd'hui rue Didérot.

chez M. Denizet, fabricant de coutellerie ; et, ni mes amis ni moi, nous n'avons oublié depuis lors les attentions délicates de toute nature qui nous furent prodiguées dans la famille de ce bon patriote.

Nous étions à bout de ressources, et l'une des premières choses auxquelles notre chef de détachement dut songer, ce fut d'assurer le service de notre modique solde, que nous n'avions pas touchée depuis notre départ d'Autun.

J'ai lu quelque part que, dans certains corps de partisans en 1870, la solde, pour chaque homme, aurait été de trois francs par jour. Je ne sais jusqu'à quel point l'allégation est exacte ; mais ce que je puis affirmer, c'est que nous n'avions droit, nous, à aucune prestation en nature et recevions pour tout potage un franc par jour, avec lequel il nous fallait satisfaire à tous nos besoins. C'était très maigre. Mais, tout est relatif et, dans la circonstance, la perspective de toucher en une seule fois trois pièces de cinq francs nous réjouissait. Aussi, grand fut notre étonnement lorsque, au lieu des bonnes espèces sonnantes que nous nous attendions à recevoir, nous dûmes nous contenter des petits morceaux de carton qui nous furent distribués. C'était la monnaie obsidionale ou monnaie de siège que, pour les besoins des échanges locaux, les autorités de Langres avaient dû émettre, l'interruption de toute communication suivie avec le dehors ayant amené la disette à peu près complète des espèces métalliques dans le rayon de la place.

Nous avions aussi besoin de renouveler nos effets de petit équipement. Mais notre officier ne put obtenir que quelques chemises de flanelle de basse qualité, tout ce qu'on pouvait se procurer dans la place, paraît-il, et que nous nous partageâmes. Ce n'en fut pas moins pour nous une satisfaction bien douce que de pouvoir substituer ces effets nouveaux aux loques qu'ils venaient opportunément remplacer.

Notre impression, dès le premier moment, avait été que notre sort demeurerait lié à celui de la place (1). Seule, la réussite des opérations de l'armée de l'Est eût pu éloigner cette éventualité ; mais les rares bruits du dehors qui pouvaient arriver jusqu'à nous étaient mauvais et de nature à ruiner toute espérance de ce côté. Tout annonçait un siège prochain.

Malgré cette perspective assez désagréable, c'est sans regret que nous nous trouvions dans ce milieu viril, où nous sentions qu'on se disposait à faire de bonne besogne. Et si, quelques semaines plus tard, une certaine fermentation se produisit dans la brigade ; si bon nombre de volontaires des autres corps ne dissimulèrent pas leur ferme propos de ne pas rester renfermés dans Langres, mais de s'échapper

(1) Nous avons toujours ignoré que l'objectif de la 2e brigade était le massif des Vosges.

dès qu'ils en auraient l'occasion, ces projets restè-
rent sans écho au peloton de Jonzac, où nous avons
toujours pensé que le soldat ne doit jamais disposer
de lui-même au gré de ses propres impressions.

Mais (ce que la rapidité des événements m'a
empêché de faire jusqu'ici) que le lecteur me per-
mette de profiter des quelques jours de repos dont
nous disposons encore, pour lui présenter les différents corps qui composent la deuxième brigade des
Vosges.

Chacun sait que le nom d'*armée des Vosges* fut
tout d'abord porté par le corps d'armée qui, après
les événements de septembre, fut placé sous les
ordres du général Cambriels. Ce sont les troupes
de ce corps qui se battirent à la Bourgonce, à Cussey
et dans quelques autres rencontres, sans pouvoir
empêcher l'ennemi, malheureusement, de s'emparer
des passages par lesquels il a pu se répandre en
Champagne.

Grièvement blessé à la tête à Sedan, et toujours
souffrant, le général Cambriels avait dû résigner son
commandement vers la fin d'octobre, après avoir
ramené son armée sous les murs de Besançon.

Les troupes de ligne qu'il avait eues sous son
commandement, de même que la garde mobile et
quelques corps francs qui en exprimèrent le désir,
furent alors placés, après un court intérim du général de cavalerie Michel, sous les ordres du général
Crouzat, et formèrent le noyau du vingtième corps,

avec lequel, le 20 novembre, ce dernier livra le sérieux combat de Beaune-la-Rolande.

A l'exception du *corps franc des Vosges* et de la *légion bretonne*, qui, l'un et l'autre sous les ordres du colonel Bourras, obtinrent leur autonomie et firent partie bientôt de l'armée de l'Est, le reste, composé de troupes franches, conserva le nom d'armée des Vosges et fut placé sous le commandement de Garibaldi.

Peu après, des corps tirés de la garde mobile et des gardes nationaux mobilisés vinrent s'ajouter à ces éléments, tout en conservant leur organisation propre. Quant aux francs-tireurs, ils furent répartis entre quatre groupes à peu près égaux au début et que vinrent ensuite grossir, peu à peu mais de façon inégale, les corps de partisans que, comme nous, la délégation de la défense nationale envoya à Garibaldi.

Ce sont ces groupes, dont l'effectif total n'atteignit jamais dix mille hommes, qu'on désigna sous le nom de brigades.

Il ne faut donc pas entendre ici par ce mot, comme cela a lieu dans les formations régulières, la réunion de deux régiments ou d'unités équivalentes, mais bien le simple groupement en vue d'une action commune, d'un nombre plus ou moins grand, suivant leurs effectifs, de corps irréguliers. Dans la première brigade, cependant, dès le début, figurèrent le régiment des mobiles de l'Aveyron et

le premier bataillon des mobiles des Alpes-Maritimes (1).

La deuxième brigade, primitivement commandée
par le lieutenant-colonel Delpech, officier supérieur
improvisé, puis confiée au colonel Lobbia, sous-
chef d'état-major de l'armée, offrait à son arrivée à
Langres un effectif réel de douze à treize cents
hommes, tout au plus, et, pour les huit dixièmes,
d'origine provençale. On y comptait, en outre de
deux escadrons de guides servant comme éclaireurs,
et d'un détachement du génie auxiliaire, sept corps
différents, dont voici la nomenclature exacte : les
chasseurs d'Orient; l'*Égalité*, de Marseille; la *guérilla marseillaise;* les *francs-tireurs marins*, également de Marseille; les *francs-tireurs de l'Atlas*,
d'Alger; les *francs-tireurs républicains de Bigorre*,
de Bagnères, et les *francs-tireurs de Jonzac*.

Les *chasseurs d'Orient*, à l'exception du commandement, qui, par surprise, après le départ du
colonel Chenet, était tombé dans de mauvaises
mains (2), étaient une véritable troupe d'élite, tant
sous le rapport de la composition, de la tenue et de
la discipline, que sous celui de la conduite au feu.

____

(1) De nouveau, vers la fin de janvier, des corps de mobiles
et de mobilisés vinrent grossir les trois brigades restées à Dijon,
et les rapprocher ainsi, par les effectifs, des unités similaires de
l'armée active.

(2) La situation, à cet égard, redevint normale par la nomina-
tion au grade de chef de bataillon du capitaine Olive, qui prit le
commandement du corps, mais tardivement, en février 1871.

Composé à l'origine de quatre compagnies de cent hommes avec le cadre normal de la compagnie d'infanterie, et d'un peloton d'éclaireurs dans lequel ne servaient, comme simples volontaires, que des capitaines au long cours, il offrait encore au commencement de janvier un effectif de trois cent cinquante à quatre cents hommes environ. Dans toutes ses rencontres avec l'ennemi, il avait subi des pertes sérieuses; et le 28 janvier, à l'attaque de Prauthoy, il fournira encore sa large part aux morts et aux blessés de la journée. L'uniforme des *chasseurs d'Orient* les faisait prendre à distance pour des chasseurs à pied, dont ils avaient l'ancien armement, la carabine Minié se chargeant par la bouche.

La vérité m'oblige à constater que les autres corps marseillais n'offraient pas un ensemble aussi homogène. Il y avait dans tous ces corps des hommes étonnants par leur endurance, leur audace et leur fermeté au combat. Il s'y trouvait bon nombre de volontaires ayant dépassé la trentaine, dont la plupart avaient servi dans l'armée régulière et fait les campagnes de Crimée, d'Italie, de Chine, du Mexique. Ceux-là étaient de braves gens; ils ont généralement fait tout leur devoir, et c'est parmi eux que le feu a fait le plus de ravages.

Je possède le livret militaire de l'un de ces braves, Jean Auradou, tué à Prauthoy. Né en 1833 à Castermoron (Lot-et-Garonne), il est incorporé au

43ᵉ de ligne en 1854 et fait, comme grenadier dans ce régiment, la campagne d'Orient de 1855 à 1856, puis la campagne d'Italie en 1859. Rengagé pour sept ans en 1860, il passe presque aussitôt aux sapeurs-pompiers de Paris, où il prend son congé définitif en 1867. Engagé en septembre 1870, à trente-sept ans, pour la durée de la guerre, au 1ᵉʳ zouaves, il a sans doute éprouvé des difficultés, en raison des circonstances, pour rejoindre son corps d'élection, et c'est alors qu'il a dû prendre place dans l'une des bandes marseillaises dont je parle.

Malheureusement, à côté de ces éléments qui, groupés, eussent donné lieu à des formations d'élite, il y avait un certain nombre de volontaires débraillés, d'une exubérance extraordinaire, braves à l'occasion, mais chez lesquels, à côté d'un patriotisme peut-être sincère, se rencontraient des sentiments difficiles à préciser, qui les portaient plus volontiers du côté de la licence que vers le danger. C'était la minorité, mais minorité indisciplinée et tapageuse, sur laquelle portait forcément l'attention, et dont on a considéré trop facilement les défauts comme ceux de la masse tout entière.

A n'en pas douter, une autorité énergique dans chacun d'eux serait parvenue à donner à ces corps hétéroclites une homogénéité suffisante ; mais l'autorité, à tous les degrés de la hiérarchie, était précisément ce qu'on y rencontrait le moins. A part d'honorables, mais très rares exceptions, l'officier ne se distinguait de sa troupe par aucune qualité apparente et ne commandait pas effectivement.

Les *francs-tireurs de l'Atlas*, d'Alger, ne formaient qu'un groupe d'une trentaine d'hommes, et ne se particularisaient par aucun détail digne d'être noté. Vêtus de gris et coiffés d'une casquette plate dont le turban était aux couleurs françaises, ils étaient armés du fusil Chassepot du modèle réglementaire.

Le chassepot, en outre des *francs-tireurs de Bigorre*, dont j'ai parlé précédemment, était aussi l'armement des *francs-tireurs marins* et de la *guérilla marseillaise*. L'uniforme, dans les deux derniers corps, était identique et se composait d'une vareuse noire, du pantalon et du képi garance de l'infanterie de ligne.

Dans les compagnies de l'*Égalité*, l'uniforme était le même, à l'exception de la coiffure, qui consistait en une casquette marine noire au turban rouge. L'armement, comme aux *chasseurs d'Orient*, se composait de la carabine Minié non transformée et du large sabre-baïonnette du même modèle.

Quant aux deux escadrons de *guides*, cavalerie irrégulière, où on rencontrait cependant en majeure partie d'anciens cavaliers des armées française et italienne, ils comptaient, réunis, cent quatre-vingts sabres environ. Audacieux et endurants, ayant accompli pendant les premières semaines de janvier une moyenne de 60 à 80 kilomètres par jour, le plus souvent sans desseller, ils nous ren-

dirent des services signalés; et il serait injuste de
ne pas reconnaître que, à part quelques rares
exceptions qui se rencontraient tout aussi bien dans
l'élément français que parmi les étrangers, son
recrutement était bon.

L'uniforme des guides, très pratique, se composait d'une large culotte de cheval gris rosé avec
hautes bottes rigides, d'un dolman ample de même
couleur à brandebourgs rouges, d'un modèle à peu
près semblable à celui qui a été adopté depuis pour
notre cavalerie légère, et du grand manteau blanc
alors en usage dans la cavalerie française. La coiffure consistait en une sorte de bonnet de drap,
haut de forme, sur le devant duquel une longue
plume était fichée. Les guides avaient pour tout
armement le sabre recourbé de la cavalerie légère
et un pistolet, sans mousqueton.

L'ensemble était pittoresque, mais nullement
ridicule.

Le détachement du génie auxiliaire enfin, avait
le pantalon et le képi du génie régulier et la
vareuse des mobiles.

J'ai cru bien faire en consignant ici tous ces
détails relatifs aux uniformes, pour montrer aux
lecteurs que, si des critiques plus ou moins sévères
ont justement atteint à d'autres égards certains
corps de la deuxième brigade des Vosges, la question de la tenue n'en a pu soulever que de bien
faibles; car la diversité tapageuse, la bigarrure

reprochées à d'autres formations ne s'y rencontraient pas.

Aux guides et à l'état-major, il y avait, en outre du colonel Lobbia, dont j'ai déjà parlé, un certain nombre d'officiers d'origine italienne.

C'était, d'abord, le nouveau chef d'état-major, commandant Castellazzo, homme d'une quarantaine d'années, énergique, instruit, très modeste d'allure. Il sortait des prisons pontificales, où ses écrits l'avaient fait enfermer. A Chambéry, avant de rejoindre la brigade, il avait formé un corps de volontaires italiens. Très fort en théologie, il étonnait par ses connaissances dans cette science les curés de village chez lesquels il se plaisait à descendre.

Le capitaine Pozzi, originaire de Lecco en Lombardie, était un avocat distingué. Actuellement député de son pays natal et membre actif du parti républicain, il a longtemps été directeur politique du journal *Il Dovero*, de Gênes.

Le lieutenant Panozzi passait pour un jeune écrivain de valeur et d'avenir. Il se mêla à tort à nos discordes civiles et fut tué pendant la Commune.

Ces trois officiers avaient pris part aux campagnes garibaldiennes des dix dernières années.

Le lieutenant Frigo, neveu du colonel Lobbia, sortait de la cavalerie italienne.

A côté de ces officiers, tous étrangers, se trouvait un seul Français, le lieutenant Scherzer, figure aimable et sympathique.

Fils d'un réfugié politique, Léon Scherzer habitait l'Angleterre au moment de la déclaration de guerre. Sans antécédents militaires, il était venu s'engager à Dôle, et on l'avait incorporé dans le corps des *francs-tireurs comtois* du commandant Ordinaire. La chasse aux galons se pratiquait alors sur une vaste échelle un peu partout; et, bien qu'il eût pu, comme tant d'autres, témoigner quelque ambition, Léon Scherzer, qui connaissait les langues allemande et italienne, n'avait rien demandé. Ce sera une circonstance fortuite qui lui vaudra son premier grade d'officier.

Il se trouvait de planton à l'état-major lorsqu'un prisonnier du 30ᵉ régiment westphalien y fut amené, et on le chargea de l'interroger. Le lendemain, il était nommé sous-lieutenant et attaché à l'état-major de l'armée des Vosges.

Quelques semaines plus tard, après l'affaire d'Autun, où il avait fait preuve d'intelligence et de courage, il avait reçu son deuxième galon de lieutenant.

Le lieutenant Scherzer, qui habite aujourd'hui Nice, a laissé chez tous ceux qui l'ont connu le souvenir d'un galant homme. Il fut le trait d'union nécessaire entre le colonel Lobbia et ses différents chefs de corps, que les duretés du commandement exaspéraient parfois; et bien des conflits furent

apaisés, bien des chocs amortis, grâce à la douceur ferme, au tact et à la présence d'esprit de cet
excellent officier (1).

Il y avait aussi aux guides, indépendamment de
l'élément français, quelques figures intéressantes,
le commandant Farlatti notamment, qui commandait les deux escadrons. Originaire de Gênes, où il
se retira après la guerre et où il mourut il y a quelques années déjà, il avait fait, lui aussi, la campagne de 1859 contre l'Autriche, comme capitaine
dans la cavalerie piémontaise. Dès son arrivée à
Dôle, il avait été chargé d'organiser le corps des
guides, et avait fait preuve dans cette tâche de
capacités réelles. C'était un homme de belle pres-
tance, très brave et de grande énergie.

En ce qui nous concerne, les quelques semaines
qui venaient de s'écouler ne nous avaient pas seulement fourni l'occasion d'apprécier la valeur res-
pective des corps auxquels nous étions mêlés; elles
nous avaient aussi permis de nous connaître nous-
mêmes. C'est dans les dures épreuves, comme
celles que nous venions de subir en effet, que la
personnalité véritable de l'homme, ses aspects
intimes se révèlent. Bien des opinions basées sur
les apparences extérieures de la vie habituelle doi-

(1) C'est à l'obligeance de M. Léon Scherzer que je dois,
en outre de quelques autres indications utiles, les renseignements qui précèdent concernant le personnel supérieur de la
brigade.

vent alors se modifier, suivant les indications nouvelles que fournit sur chacun sa propre façon de se comporter en face des privations, de la peine ou du danger.

Mais, plus encore que ce que nous avons déjà enduré ensemble, les opérations qui vont bientôt terminer notre courte campagne nous mettront à même de bien juger certains d'entre nous, parmi ceux que nous ne connaissions pas avant de nous réunir sous le même guidon. Nous constaterons que, sous l'enveloppe rude ou simplement banale de quelques-uns se rencontraient de rares qualités de cœur, de dévouement et de courage. Nous verrons l'excellent Gauthier, cordonnier de son état, continuer de traîner, en sus de sa charge normale, un lourd paquet d'outils de sa profession, et dérober à nos rares et courts instants de repos dans les villages que nous traverserons, le temps nécessaire pour exécuter quelques menues réparations, dont le prix entier ira améliorer notre maigre et incertain ordinaire. Nous verrons le pauvre Tiphon, que sa faim gloutonne et inextinguible, son laisser-aller et certaines habitudes de basse trivialité nous avaient rendu antipathique, presque suspect, se maintenir impassible à son poste de combat, au plus fort de l'action, jusqu'au moment où une balle ennemie, qui lui brisera la cuisse droite et dont il mourra, viendra le renverser tout sanglant sur le sol. Nous verrons enfin Vigneau, dit *Fine-Lame*, se placer par sa bravoure et son adresse, au premier rang parmi ceux qui mériteront des éloges au combat de Prauthoy.

Celui-là vaut une mention spéciale.

Vigneau était un jeune homme de vingt et un ans environ. Non compris, je ne sais pourquoi, dans les précédentes levées, il avait été appelé comme garde national mobilisé. Le milieu ne lui avait pas convenu, et, accompagné de quelques voisins dans le même cas que lui, il avait sollicité son admission parmi nous, à la veille de notre départ.

La recrue était singulière et nous ne l'avions pas accueillie sans hésitation.

Vigneau présentait le type achevé du paysan de Saintonge ; mais, plus adouci, tel que l'offre encore son pays d'origine, Cercoux, où l'homme, d'apparence fruste, ennemi de la règle, braconnier impénitent, a généralement conservé comme le sol lui-même qui, là, est moins généreux que dans les autres parties du département, des instincts d'âpreté, de rudesse, de violence même.

Imberbe, d'une structure bizarre mais solide, la voix enrouée, louchant par surcroît, notre homme produisait une impression indéfinissable qui conduisait au rire, inévitablement. En toute chose il mettait son mot, dans cette forme pittoresque, bonhomme et inimitable que comporte notre vieux langage saintongeais, et d'un air tel, qu'il était impossible de dire à priori ce qui l'emportait chez lui de la finesse ou de la niaiserie.

Dès le premier jour, nous lui avions appliqué le surnom de *Fine-Lame*, dans une pensée plutôt ironique ; et, bien qu'il eût parfaitement saisi la nuance, il avait accepté le sobriquet de bonne grâce. Mais nous n'avions pas tardé à nous apercevoir que ce surnom, par lequel nous l'avons invariablement désigné depuis, il le méritait dans son acception la plus flatteuse pour lui. C'était, en effet, une de ces natures primesautières et aventureuses qui, sous les dehors primitifs que leur condition modeste contribue à conserver, abrite un esprit dont l'acuité, la pénétration et l'étendue surprennent quand on est parvenu à les bien connaître.

Simple, très doux, mais doué d'une énergie froide et d'une vigueur physique sans égales, il était toujours le premier là où le danger apparaissait. Et, non seulement on ne l'entendit jamais se plaindre au milieu des plus dures circonstances, mais, toujours souriant, camarade excellent et dévoué, on le vit maintes fois se charger, sans qu'on l'en priât, du bagage, des armes et des munitions de ceux d'entre nous qui, moins résistants, se sentaient fléchir sous le poids de la fatigue.

Vigneau, ou plutôt *Fine-Lame*, est resté légendaire dans notre petit groupe ; et c'est avec le plus vif regret que, dans ces dernières années, nous avons perdu sa trace.

Revenu au pays après la guerre, il avait repris sans bruit, avec la chasse son plaisir favori, la profession de fabricant de tuiles dont il avait vécu jusque là. Mais le métier ne nourrissait plus son homme, et il partit pour l'Amérique du Sud il y a quelque dix ans. Il en revint bientôt, après y avoir laissé comme tant d'autres ses maigres écus amassés à grand'peine, et retourna de nouveau au pays. A quelque temps de là, il disparut encore, mais sans que l'on sache cette fois ce qu'il est devenu…

CHAPITRE VIII

Opérations autour de Langres. — Postes ennemis surpris : Vaillant, Germaines et Prauthoy. — Hussards prussiens. — Convois enlevés et prisonniers français délivrés. — A Aujeures. —
Les poires du curé.

Le 21 janvier, après la revue d'armes qu'il venait
de nous passer sur la place de l'Hôtel-de-Ville,
notre sous-lieutenant nous informa que la brigade
quitterait Langres le lendemain, pour aller inquiéter les détachements ennemis, qui continuaient
de traverser le pays et l'accablaient sous le poids
de réquisitions incessantes, comme pour faire le
vide autour de la place.

La veille, à huit heures du matin, avait eu lieu
l'exécution d'un volontaire de la deuxième brigade,
le sieur S...., cavalier au deuxième escadron des
guides, lequel avait été condamné à mort, le jour
même de notre arrivée, par la cour martiale siégeant à Langres, pour meurtre sur la personne d'un
de ses camarades. Pour un motif futile, pendant le
pansage, il avait abattu ce dernier d'un coup de
revolver.

Le 22 janvier, la colonne quitta Langres, à

sept heures du matin, par la route de Saint-Dizier.
Le commandant supérieur y avait adjoint la section
des *francs-tireurs Barbas*, de Langres, qui devait ne
nous rejoindre, toutefois, que quelques jours plus
tard. C'était un vaillant petit corps, qui avait déjà
pris part avec succès à quelques-unes des expédi-
tions accomplies autour de la place, notamment à
celle qui, dans la nuit du 12 janvier, sous les ordres
du lieutenant Gouin, du génie, était parvenue à
faire dérailler un train, près de Courban, au cœur
même d'un pays que l'ennemi occupait en forces et
surveillait avec la plus grande activité.

Vers dix heures, nous arrivons au village de
Beauchemin, sur la route de Châtillon, à onze kilomètres de la place environ. Des postes nombreux
fournis par les autres corps furent installés partout
aux alentours, tandis que le peloton de Jonzac restait à Beauchemin. Sur la route, à la hauteur des
premières maisons, parmi les cendres refroidies de
quelques feux allumés la veille par l'ennemi, gisent
des débris de fusils français à percussion. Ce sont
les restes des armes que des mobilisés de la Haute-
Marne ont abandonnées aux cours des engagements
qui ont eu lieu, non loin de là, quelques jours
auparavant.

Les vivres sont rares à Beauchemin, et nous
devons partager un poulet étique découvert à grand'-
peine chez un voisin, avec les paysans qui nous
logent, deux pauvres vieux, l'homme et la femme,

qui pour toute subsistance en étaient eux-mêmes réduits à un peu de pain trempé dans du lait.

Le lendemain matin, à huit heures, nous quittions Beauchemin pour une destination inconnue. Après une heure de marche, nous arrivions au village de Marac, où des mobilisés de la Haute-Savoie avaient soutenu récemment un court engagement contre des forces très supérieures. L'ennemi avait occupé le village à six reprises différentes et s'y était livré à de nombreuses déprédations. Non loin de chez l'habitant où nous nous sommes réfugiés sur l'avis que la colonne ne repartira que dans la soirée, ils ont exercé des brutalités révoltantes sur une pauvre vieille femme, dont l'unique crime avait été de protester par la parole contre le pillage de son poulailler. Bien que le fait remonte à plusieurs semaines, la victime doit encore garder le lit. Les faits de cette nature qu'on nous cite sont nombreux à Marac.

La veille, le colonel Lobbia qui, le plus souvent, dirige en personne les reconnaissances des guides, est venu dans le pays. Il y a recueilli l'avis que les Prussiens occupent Châteauvillain au nombre de 800 à 1,000 hommes. On lui a aussi appris que des convois de blessés et de prisonniers dirigés sur Chaumont, siège du quartier général allemand, passent journellement par Auberive, et le bruit court que nous allons marcher au-devant de l'ennemi.

La colonne part à minuit et, après avoir cheminé

dans un pays accidenté, dans la neige jusqu'à mi-jambes, nous arrivons à Perrogney vers quatre heures du matin. Les habitants nous attendent; des moutons ont été tués en quantité suffisante et répartis à l'avance dans toutes les maisons du village à notre intention; le tout, en vertu d'une réquisition régulière. Peu habitués à semblable aubaine, nous en sentons tout le prix et faisons largement honneur à ce repas inattendu qui, en raison de l'heure, affecte les allures d'un honnête réveillon. Il sera pour nous, du reste, le seul de la journée.

Cinq jours auparavant, avant l'aube, la compagnie de voltigeurs du capitaine Guignot, des mobilisés de la Haute-Savoie, avait attaqué un convoi dans Perrogney même, et ramené à Langres les 23 voitures chargées dont il se composait, avec 31 chevaux et 12 prisonniers. Les troupes ennemies cantonnées aux environs étaient accourues, mais trop tard, après le coup fait.

Nous sommes repartis de Perrogney au point du jour, sachant alors où nous allons. Un convoi prussien escorté par un demi-bataillon d'infanterie doit défiler à trois ou quatre lieues de là, dans la montagne, aux environs d'Auberive, et nous allons tâcher de le surprendre.

Vers onze heures, nous sommes depuis un moment déjà sur le lieu de l'opération, nous avons pris nos positions dans les bois, au faîte de la montagne qui domine le chemin par où doit s'écouler le convoi, et nous attendons, l'arme prête, immobiles et transis sous la neige qui tombe à gros flocons, lorsque l'ordre nous est transmis de revenir sur la route au pied du coteau. Un paysan est venu informer le colonel que l'ennemi, qui s'est mis en marche beaucoup plus tôt que l'avis ne nous en a été donné, est déjà passé et se trouve maintenant hors de nos atteintes. Nous sommes tout déconfits et attendons en silence de nouveaux ordres.

Nous ne repartirons pas bredouilles, cependant. Le colonel, entre temps, accompagné de quelques guides, a éventé un poste de hussards prussiens placé à Germaines, à quelques kilomètres de là, et l'a brillamment enlevé. Il revient avec sa prise au moment même où la colonne se reforme, et nous reprenons le chemin de Perrogney, où nous sommes de retour aux approches de la brume, après une marche de dix lieues environ. La plus grande partie de la brigade s'est arrêtée à Pierrefontaines, où elle s'est installée.

La prise de nos guides se compose de douze chevaux et de onze hommes. Le douzième cavalier a disparu, sans qu'on ait pu savoir comment ni par où il s'est enfui.

A peine de retour, le colonel est reparti en reconnaissance avec les guides; il a donné la chasse à quelques cavaliers ennemis, en a blessé un et a délivré le maire et un notable de Vaillant qu'ils emmènaient comme otages, à la suite du coup de main exécuté le jour précédent dans ce village.

La veille, en effet, à Vaillant, à trois lieues au sud-est d'Auberive, les voltigeurs du capitaine Guignot avaient accompli un exploit semblable à celui de Germaines; et le jour même, dans Prauthoy, ils viennent de le renouveler de concert avec la compagnie du capitaine de Saint-Jean, du même corps.

Vers la fin de cette même journée du 24 enfin, les guides ont encore capturé plusieurs voitures chargées de vivres, de sabres, de mousquetons et de selles de cavalerie.

Dans ces diverses rencontres, les Allemands ont perdu 1 officier, 36 hommes et 36 chevaux, appartenant tous au 1ᵉʳ régiment de hussards de réserve, qui fournit les postes de relais établis par l'ennemi au sud de Langres, pour assurer le service de la correspondance entre le grand quartier général de Versailles et l'armée de Manteuffel.

Peu après la chute du jour, nous venons à peine de nous étendre, très las, dans l'étable qui nous sert d'abri commun, que le maître du logis, accourant en toute hâte, vient nous crier de nous lever. Sa précipitation, son air affolé nous font croire à une alerte : c'est simplement pour aller relever l'une de nos grand'gardes à Pierrefontaines, à 2,500 mètres de là par la traverse.

Le poste principal était installé dans une vieille construction presque en ruines, où le maire du village abritait sa provision de bois et quelques instruments aratoires. Le toit manquait en entier d'un côté; nous y étions pour ainsi dire à la belle étoile; et, pour nous chauffer, avec l'autorisation du propriétaire, nous tînmes allumé toute la nuit, au milieu de la pièce, un feu d'enfer dont la flamme atteignait le faîte du bâtiment. Je ne comprends pas vraiment comment la malheureuse bicoque n'a pas flambé avec tout ce qu'elle contenait.

En outre de notre service de grand'garde, qui fut très pénible en raison de la température, nous avions à surveiller là les prisonniers de Germaines. C'étaient des gaillards d'une trentaine d'années, frais et dodus, qui ne paraissaient pas avoir enduré jusque-là de bien dures privations. Tout en fumant leurs pipes de porcelaine d'un air impassible, il était évident, pour peu qu'on les observât, qu'ils n'étaient pas plus rassurés que cela sur le sort qui les attendait. Avaient-ils commis quelque méfait à l'égard des francs-tireurs qui avaient pu tomber entre leurs mains? Toujours est-il que, malgré leur indifférence apparente, ils étaient inquiets. Au moindre mot, ils se dressaient tout d'une pièce, prenaient l'attitude rigide qui est de règle dans l'armée allemande, et attendaient dans cette position que nous leur fissions signe de s'asseoir.

L'un d'eux surtout trahissait l'inquiétude qui l'agitait. Marié sans doute, et se demandant s'il reverrait jamais les siens, il tirait à tout moment de la poche intérieure de sa capote des photographies qu'il contemplait d'un œil humide. Seul, le sous-officier qui se trouvait parmi eux, un sergent, affectait une allure rassurée. C'était une espèce de bellâtre, aux hanches rebondies, qui, sanglé comme une femme dans son dolman rouge à brandebourgs, se dandinait tout le temps et sifflotait en faisant des grâces.

Le maire du village et ses filles, de braves gens, nous ayant apporté jusqu'à une heure avancée de la nuit de grands chaudrons remplis de pommes de terre bouillies, nous les avions partagées avec nos Prussiens, qui s'en étaient bourrés, littéralement. Ce fut tout le mal qu'ils reçurent de nous.

Le lendemain matin, 25, à onze heures, un autre détachement vint nous relever, et nous pûmes retourner à Perrogney pour y prendre un peu de repos.

Dans la journée du 26, qui nous fut laissée tout entière, il se produisit un incident qui montre jusqu'à quel point furent poussés chez certaines gens la dureté et le manque de patriotisme.

Nous avions été envoyés, plusieurs camarades et moi, à la recherche de viande, et nous nous étions rendus, pour acheter un mouton, chez l'écorcheur du pays. On appelle *écorcheur*, dans ces régions, le marchand de bestiaux qui, ayant vendu la bête, la tue pour le prix de la peau. L'homme nous avait déclaré d'un ton rude qu'il n'avait pas de moutons à vendre. C'était un mensonge, car la bergerie, où nous avait conduits un voisin obligeant, paraissait renfermer un grand nombre de ces animaux. Mais rien n'y avait fait; notre homme, de plus en plus brutal, s'était obstiné dans son refus, nous répétant qu'il n'avait pas de moutons et qu'après tout, « s'il en avait, il ne nous en vendrait pas, comme c'était son droit. »

Evidemment, il ne fallait pas compter tirer quoi que ce fût de cette brute par la persuasion; aussi, étant revenus en armes, accompagnés du sergent Bon, nous l'avions contraint, baïonnette au canon, à nous conduire à la bergerie, où plus de cinquante moutons de toutes tailles se pressaient. Notre sergent-major, Lebois (1), qui s'était joint à nous, avait alors fait choix d'un mouton de bel aspect dont il avait offert dix-huit francs à l'écorcheur récalcitrant; mais celui-ci, entrant dans une rage indescriptible, nous avait couverts d'injures, et avait été jusqu'à menacer notre sergent du couteau de boucher qu'il tenait à la main. Je ne sais pas ce qui nous empêcha alors de tuer ce misérable. Finalement,

(1) Lebois, mort à La Rochelle en 1887, était un homme d'un sang-froid, d'une vigueur et d'un courage rares. Après la campagne, en 1873, il prit du service dans l'armée et figura pendant plus de dix ans comme vétérinaire sur les contrôles du 24ᵉ dragons. Ce fut lui qui organisa le service vétérinaire à Tunis, puis à Sfax, pendant la campagne que couronna l'établissement de notre protectorat sur la Régence.

ayant pesé ce mouton au moyen d'une romaine qui se trouvait là, Lebois, toujours calme, nous avait donné l'ordre d'emporter la bête, après en avoir déposé le prix sur le sol, à la vue de l'écorcheur. Ce prix, calculé suivant le barème établi pour toutes les denrées par le commandant supérieur de Langres, s'était trouvé inférieur de quelques francs à celui que nous avions offert. Notre homme était donc puni, mais il devait l'être plus durement encore. La scène avait fait du bruit, attiré bon nombre de Marseillais, et une bagarre s'était produite à la faveur de laquelle disparut de la bergerie plus d'un mouton dont le mauvais citoyen ne dut jamais recevoir le prix réglementaire.

Maint témoignage recueilli depuis contre les corps francs, a été fourni par des hommes dont le patriotisme valait celui de l'écorcheur de Perrogney.

Au cours de cette journée du 26, le colonel Lobbia avait écrit au commandant supérieur pour lui rendre compte de ses mouvements depuis le 22. Il l'informait que, suivant la manière d'opérer arrêtée entre eux, il avait l'intention d'attaquer les Prussiens à Châteauvillain; mais que, auparavant, il croyait utile de les attirer sur Châtillon; d'autant plus que, par la position qu'il occupait, il interceptait leurs communications entre Prauthoy et cette dernière localité, par Vaillant et Auberive.

Il avait en même temps exprimé l'avis qu'il serait aussi nécessaire d'intercepter la ligne de communi-

cation que les Allemands utilisaient plus au sud, par
Selongey, Grancey, Recey et Châtillon, et par où
ils avaient déjà commencé à écouler leurs convois
de prisonniers et de blessés. « Mais, ajoutait-il, je
m'éloignerais peut-être trop de Langres, d'où je dois
partir pour accomplir la mission que vous con-
naissez... »

Cette mission, qui a toujours été tenue secrète,
et qui allait recevoir son exécution au moment où
la nouvelle officielle de l'armistice est parvenue à
Langres, consistait à lancer la deuxième brigade dans
les Vosges, où, pendant toute la campagne, quelques
corps francs ont réussi à se maintenir; et là, au gré
des circonstances, à se jeter sur les communications
de l'ennemi, attaquer ses convois, détruire les lignes
télégraphiques, les routes, les voies ferrées, boule-
verser, en un mot, les moyens de toute nature par
lesquels les armées confédérées restaient en relation
régulière avec l'Allemagne.

La brigade ne s'est donc pas jetée dans Langres
après avoir été coupée de Dijon, comme beaucoup
l'ont pensé, mais par suite d'un plan préconçu dont
notre arrivée dans la place était la première phase.

Le colonel Lobbia fut amené à renoncer à son
mouvement projeté sur Châteauvillain. Dans la nuit,
en effet, il apprit l'arrivée plus près de lui, à Prauthoy, dès le 25, d'un corps prussien de huit cents
hommes environ, et il prit aussitôt ses dispositions
pour aller l'attaquer la nuit suivante.

Le vendredi, 27 janvier, à trois heures du matin, nous reçûmes l'ordre de nous rendre en hâte à Pierrefontaines, point de ralliement des différents corps de la brigade. A trois heures et demie, la colonne se mit en marche et s'engagea dans la vieille voie romaine qui traverse le plateau. La route, notamment à partir du point où la Vingeanne prend sa source, s'enfonce dans une région accidentée, couverte de forêts, où nous cheminions avec peine, tantôt sur des hauteurs, tantôt dans des ravins profonds où coulent maints torrents. Vers sept heures, nous arrivons à Aujeures où se trouvait déjà une compagnie du 50ᵉ de ligne et où nous rejoignit, peu après, la section des *francs-tireurs Barbas*, de Langres. Une autre compagnie du 50ᵉ de ligne était à Leuchey, non loin de là, aux ordres du capitaine Masse, qui avait le commandement des deux unités.

L'avant-veille au soir, dans Esnoms, une section de cette compagnie avait attaqué un détachement saxon qui emmenait soixante prisonniers français, et avait délivré ceux-ci, après avoir tué quelques hommes à l'ennemi et lui en avoir pris vingt-deux.

Le colonel Lobbia avait été informé, dans la matinée, par le maire d'Aujeures accouru à Pierrefontaines, du passage de ce convoi se dirigeant vers Chaumont par Auberive, et il avait envoyé immédiatement un escadron de guides à sa rencontre. Nos cavaliers, arrivés à Vaillant, y avaient trouvé les débris de l'escorte et lui avaient encore enlevé quatre prisonniers, par lesquels ils avaient appris le succès du coup de main exécuté par le 50ᵉ une heure auparavant.

A Pierrefontaines, village de cinquante habitants à peine, les vivres étaient rares ; et, au moment où il allait se mettre à table, le soir, le colonel avait appris que les quatre prisonniers qu'on lui avait amenés étaient restés à jeun depuis le matin. Il leur avait immédiatement fait envoyer son propre dîner et avait chargé l'un des officiers de son état-major, le lieutenant Scherzer, qui possédait la langue allemande, de leur expliquer comme quoi ils avaient été victimes des circonstances et nullement de l'intention de leur faire endurer une privation. Le lieutenant Scherzer, en même temps, avait remis à chaque prisonnier la somme de quatre francs, produit d'une collecte faite à leur intention.

Trois jours après, en abandonnant Prauthoy, les Prussiens emmenaient avec eux le seul prisonnier qu'ils nous eussent fait pendant le combat et le fusillaient un peu plus loin.

Dès notre arrivée à Aujeures et en même temps qu'il détachait des émissaires à Prauthoy pour savoir la force exacte et la position de l'ennemi, le colonel Lobbia envoya nos cavaliers battre l'estrade dans la direction de Vaillant, où ils dispersèrent quelques uhlans.

Vers deux heures de l'après-midi, l'un de nos guides, blessé, et bientôt suivi d'un second dont le cheval avait une balle dans la fesse, vint annoncer qu'un fort parti de cavaliers ennemis parcourait le pays. Aussitôt, le colonel nous fit partir avec les *francs-tireurs marins* et quelques compagnies de *chasseurs d'Orient* dans la direction indiquée, vers l'est, dans les forêts de Maigre-Fontaine et de Marmont, à une bonne demi-lieue de là. Après avoir poussé assez loin en avant, déployés en tirailleurs, nous revînmes nous placer en embuscade dans les bois, en un point qu'on nous dit très rapproché de la source de l'Aube. Nous devions couvrir Aujeures, tout en surveillant les routes qui viennent d'Auberive, où un corps de troupes allemandes était signalé, et dont devaient dépendre les éclaireurs auxquels nos guides s'étaient heurtés. Aux approches de la nuit, nous aperçûmes un groupe de cavaliers à l'uniforme sombre, qui galopaient dans la direction d'Auberive, à huit cents ou mille mètres de nous. Quelques coups de fusil leur furent envoyés, mais sans autre résultat que de hâter leur allure. Quelques minutes plus tard, l'ordre nous était donné de rentrer au cantonnement.

Cette journée fut de celles où le froid nous causa les plus vives souffrances. La température qui, depuis deux ou trois jours et après quelques fluctuations, avait encore baissé, atteignit sur ces plateaux vingt-cinq degrés au-dessous de zéro ; et, dans l'obligation où les ordres donnés nous avaient mis de rester immobiles sans allumer de feux, c'était intolérable. Un certain nombre de nos guides, placés en vedettes en avant de notre ligne et qui s'étaient tenus debout sur les étriers, revinrent au cantonnement avec les pieds gelés. Ils ne purent pas descendre seuls de cheval, et on dut les faire transporter à Langres, où quelques-uns eurent à subir l'amputation de leurs membres frappés de mort.

De retour à Aujeures à nuit close, nous trouvâmes toutes les maisons occupées par ceux de nos gens qui n'avaient pas quitté le village, et ce fut avec la plus grande difficulté que chacun de nos groupes parvint à se caser.

Notre grande préoccupation, comme toujours, était de trouver quelque chose à manger, et ce n'était pas facile dans ce village de deux cents habitants à peine, que les Prussiens avaient visité à plusieurs reprises, et d'où plus de mille hommes affamés avaient dû tirer leur subsistance depuis le matin. Par bonheur, l'un des nôtres, Giet, homme de précaution, s'était procuré à Perrogney une poule d'assez bonne apparence; et, comme nous avions trouvé là tout ce qu'il nous fallait, il avait eu la sagesse de réserver le précieux volatile. Conservé par le froid et tendre à point, il constituera le principal élément du festin que nous allons improviser, et qui doit être le dernier repas de notre campagne active. A défaut du pain, qui manquait partout, quelques pommes de terre, assez mauvaises du reste, viendront compléter le menu.

Ici se place un incident par lequel le lecteur verra combien peu pèsent les principes quand le diable se met de la partie. Le fait n'est pas du tout à mon honneur, et je ne le narre, pour ma juste humiliation, que parce qu'il est dit que la confession sincère de la faute contribue à la racheter.

Nous allions devoir nous contenter d'eau à notre repas, car le vin faisait défaut; nos recherches pour nous en procurer étaient restées infructueuses, et, contrariés, nous en faisions la constatation lorsqu'un volontaire marseillais entra les mains chargées de deux bouteilles pleines du liquide désiré. Vivement interrogé, il nous apprit que le curé d'Aujeures, dans l'unique but d'obliger, cédait à tout militaire qui se présentait chez lui avec le récipient, du bon vin du pays à cinquante centimes le litre. Il avait goûté le vin en route, il était exquis et valait le double de son prix.

Vite, nous nous armons de bouteilles, Louis Masson et moi, et nous voilà partis du côté de la cure, située non loin de là. Au dehors, la neige durcie résonne sous les pas pressés des nombreux volontaires qui, prévenus comme nous, se hâtent dans le même objet; et déjà, la longue file des premiers arrivés a pénétré dans le presbytère.

Quand notre tour nous amène aux premières marches de l'escalier de pierre qui descend à la cave, une voix sonore s'élevant des profondeurs du sol nous parvient; elle semble formuler des recommandations. Nous prêtons l'oreille et nous entendons la voix dire, à plusieurs reprises : « Et surtout, messieurs, ne touchez pas à mes poires ! »

Peu à peu, le flot s'écoule et nous voici à notre tour dans le cellier. Le spectacle n'est pas banal. A droite, la réjouissante file des tonneaux s'aligne, ayant pour pendant, à gauche, une série de paniers d'osier dans lesquels reposent, bien rangées, des poires superbes. Ces fruits savoureux ont déjà tenté quelques âmes faibles, et le bon curé, pour enrayer le mouvement, a placé près des corbeilles son sacristain, lequel, armé d'une longue houssine, frappe consciencieusement sur toute main qui, sortant du rang, prend une allure indiscrète. Près du tonneau du milieu, le bon prêtre lui-même nous apparaît. Assis sur un tabouret très bas, le tricorne en arrière, la face congestionnée par l'effet de la position un peu forcée qu'il occupe, et éclairé par le reste d'un gros cierge qui brûle à ses pieds dans un chandelier de bois, il sert chacun de nous, en renouvelant de temps à autre l'utile recommandation que nous avons entendue... Mais ces fruits sont trop beaux ; ils me fascinent et, d'un geste inconscient, j'avance la main pour en saisir un, rien qu'un seul, oubliant le sacristain dont la férule impitoyable s'abat aussitôt sur le membre coupable. Ce châtiment devrait me faire rentrer en moi-même, mais il est écrit sans doute que ce jour-là je ne m'arrêterai pas dans la voie du mal... Notre tour est arrivé ;

Louis Masson me précède immédiatement; le cierge brûle non loin de moi et projette sa lueur jaune et indécise sur les parois de la cave où s'agitent nos ombres... Que se passe-t-il alors? Je n'ose le dire... Toujours est-il, que le cierge, tout à coup renversé, s'éteint, et nous voilà subitement plongés dans une obscurité complète, à la faveur de laquelle j'accomplis mon larcin. J'en fais aussitôt disparaître le fruit dans mon inexpressible, veuf de poches et dont le gouffre n'est ainsi limité, en profondeur, que par mes guêtres. Le sacristain, dans cette conjoncture, se met à frapper à tort et à travers; et sous ses coups, des clameurs s'élèvent, pas assez puissantes cependant pour couvrir la voix du curé, qui s'écrie sur un ton lamentable : « Ah! mon Dieu, mes poires sont perdues! »

Le fait est qu'une fois le cierge rallumé, ce qui demanda encore un certain temps, on put constaté qu'il en manquait quelques-unes.

M. le curé, justement irrité, déclara net qu'il ne donnerait plus de vin à personne. Mais j'étais là, devant lui, et, allant jusqu'au fond du péché, je hasardai timidement, en tendant mes bouteilles, « qu'il serait injuste que les bons payassent pour les coupables. » L'excellent homme, subitement radouci et ayant sans doute pardonné déjà à l'auteur inconnu du méfait, me regarda et me dit : « Mon ami, vous avez raison. » Et il acheva sa distribution.

Louis Masson n'avait rien vu, et c'est seulement lorsque nous fûmes dehors que je le mis au courant de ma mauvaise action. Le pharisien ne dit mot, mais à table il prit la plus grosse part des fruits dérobés.

Ces choses sont bien loin; mais, parfois encore, le cri de détresse du bon curé d'Aujeures retentit au fond de ma conscience, comme un remords... Que Dieu me pardonne!

CHAPITRE IX

Le **28** janvier **1871** à Prauthoy. — Attaque et péripéties du combat. — Les Prussiens, battus, abandonnent le village. En fuyant, ils fusillent un prisonnier français.

L'ordre nous avait été donné de nous tenir prêts à partir avant minuit, et chacun s'était arrangé comme il avait pu pour reposer jusque-là. Louis Masson et moi, nous nous étions glissés dans le grenier à paille, au-dessus d'une écurie où quelques-uns de nos guides avaient placé leurs chevaux. Nous y étions fort bien et dormions à poings fermés lorsque, vers onze heures, le clairon nous réveilla.

Au dehors, devant notre gîte même, flambent deux grands feux de bivouac, autour desquels une dizaine de nos cavaliers stationnent enveloppés dans leurs grands manteaux blancs, la bride de leurs chevaux dans le bras droit, prêts à se mettre en selle au premier signal.

Les flammes s'élèvent en crépitant; elles projettent leurs lueurs vacillantes sur les objets environnants, et rendent ainsi plus profonde l'obscurité qui enveloppe les plans que la lumière n'atteint pas. Au loin, dans les parties éclairées, des formes animées surgissent, puis disparaissent subitement dans l'ombre. La scène a quelque chose de fantastique.

Dès que la colonne sera formée, lecture nous sera donnée d'un ordre par lequel le commandant de la brigade nous informe que nous allons attaquer le bourg de Prauthoy, qu'occupent huit cents hommes d'infanterie et trente cavaliers. Après nous avoir appris que le village est divisé par deux routes qui se croisent au centre, le colonel nous recommande d'y pénétrer au pas de charge, sans brûler une cartouche, et de nous emparer rapidement des quatre bras de chemin, de façon à mettre les Prussiens dans l'impossibilité de fuir. Mais les choses ne doivent pas se passer aussi facilement.

La brigade se met en marche à onze heures et demie. Les deux compagnies du 50ᵉ de ligne, cantonnées à Aujeures et à Leuchey, et que le général Meyère a autorisées à nous accompagner, sont en tête. Nous venons immédiatement après elles, avec les *francs-tireurs marins* et la compagnie de *Bigorre*.

En tenant compte des difficultés provenant de la saison et des accidents naturels du sol, le colonel a pensé pouvoir nous faire parcourir en cinq heures au plus les seize kilomètres qui nous séparent du but, par Leuchey, Courcelles, Chatoillenot et Aubigny ; mais ses prévisions seront très sensiblement dépassées. Le mauvais état des chemins, le verglas épais qui les couvre, la fréquence et la rapidité des

côtes et, enfin, l'obscurité profonde de la nuit
entravent considérablement notre marche, et c'est
à six heures et demie seulement que la tête de
colonne arrive en vue de Prauthoy. Tout est calme
aux alentours; mais, du village même, où quelques
lumières brillent, nous arrivent ces bruits confus
qui marquent le réveil des lieux habités.

En peu de temps et sur l'ordre transmis à voix
basse d'un corps à l'autre, nous nous sommes for-
més par sections en masse, sur la route de Dijon à
Langres qui traverse le pays, et nous attendons,
anxieux, l'ordre de marcher. Il est déjà bien tard.
Nous aurions dû pouvoir commencer l'attaque vers
cinq heures pour avoir chance de surprendre l'ennemi; il en est presque sept et le jour va poindre.
Quelques minutes s'écoulent ainsi dans le plus
profond silence; puis, tout à coup et non loin de
nous, un coup de fusil retentit. C'est la sentinelle
prussienne qui vient de tirer sur les hommes de
tête du 50ᵉ. Presque aussitôt, deux feux de peloton éclatent à quelques secondes d'intervalle.
C'est le poste prussien tout entier qui a tiré à son
tour et le 50ᵉ qui riposte. Le combat est engagé...

Du 16 au 18 janvier, le général de Manteuffel
avait établi son quartier-général à Prauthoy, pour
diriger et surveiller l'écoulement des dernières
colonnes de son armée vers l'est. Il avait installé
son état-major au château, dont ses officiers avaient
pillé la cave. En trois jours, ils avaient vidé environ

deux cents bouteilles du plus vieux vin (1). Le 19
au matin, il avait quitté la localité, après avoir
assuré ses relais de correspondance au moyen des
postes de cavalerie dont j'ai parlé plus haut.

En apprenant la surprise exécutée à Prauthoy
même, le 24, par les Savoyards des capitaines de
Saint-Jean et Guignot, le général allemand, par
représailles et aussi pour assurer la protection efficace de son relais principal, avait fait occuper le
village, le 25, par un détachement mixte venu des
environs de Dijon, et composé de vingt à trente hussards et de trois compagnies du 8ᵉ régiment de
Poméranie n° 61 de l'armée allemande. Ce régiment,
qui avait décidé de la bataille de Sadowa en 1866,
passait pour l'un des plus aguerris, des plus fermes
de toute l'armée prussienne. Son deuxième bataillon, qui fournissait le détachement de Prauthoy,
venait de prendre part aux combats livrés à Garibaldi sous Dijon par la brigade mixte du général
de Kettler les 21, 22 et 23 janvier; il y avait subi
des pertes sérieuses et perdu son drapeau. Sur les
458 hommes, dont 21 officiers (2), que le 61ᵉ régiment avait laissés là, le deuxième bataillon, à lui
seul, en avait fourni la moitié (3). Il perdra encore

(1) De passage à Prauthoy le 23 mai 1883, j'ai recueilli le fait
de la bouche même du propriétaire, qui était alors M. Borton,
mort dans ces dernières années.
(2) Chiffres officiels allemands.
(3) 216 hommes dont 9 officiers.

plus de 150 hommes dans le combat qui commence.

Dès leur arrivée à Prauthoy, les Prussiens, au nombre de six cents hommes environ, ont procédé, par ordre et méthodiquement, pendant deux heures, au pillage du pays. Ils ont chargé plus de dix voitures des objets de toutes sortes qu'ils ont ainsi enlevés aux habitants; mais, ils ne les emmèneront pas.

Dans la journée du 27, renseignés sans doute par leur cavalerie ou leurs espions sur la présence de troupes françaises dans les environs, ils semblent déjà être sur leurs gardes. Ils se montrent inquiets, parlent de francs-tireurs, d'armes cachées, et se livrent à des perquisitions dans le but de les découvrir. Ils fouillent partout, jusque dans le presbytère et dans l'église. L'officier qui dirige les perquisitions se montre brutal, grossier, méticuleux et pousse les choses jusqu'au ridicule. Il va jusqu'à exiger que le vénérable curé Prignot, vieillard septuagénaire, lui ouvre les fonts baptismaux, les troncs, les tiroirs de la sacristie. Naturellement, il n'y trouve rien et il se retire comme honteux, sans mot dire, avec sa troupe. Quant aux habitants qui logent des Prussiens, ils ont reçu l'ordre de tenir leurs portes ouvertes toute la nuit, et la troupe celui de rester en armes. Visiblement, le commandant du détachement, qui a pour instruction de partir le lendemain, les postes de relais venant d'être supprimés, s'attend à être attaqué. A défaut d'autres indices, le détail suivant l'établirait suffisamment.

Mme Gybadet, propriétaire à Prauthoy, frappée des allures des Prussiens dans cette journée du 27, de leur dureté, des allées et venues des gradés et des précautions de toute espèce qu'ils prennent, a résolu de savoir à quoi s'en tenir. Dans ce but, elle a offert du vin aux ordonnances des officiers qu'elle loge pour qu'ils la renseignent sur ce qui se passe. Les ordonnances ont écouté aux portes à plusieurs reprises, et dans la soirée, ils sont venus lui dire : « Demain, madame, malhour! malhour! » en accompagnant ces paroles du geste répété de mettre en joue et de faire feu.

Le commandant prussien voyant que, malgré tout, la nuit semble devoir s'achever sans incident, se dispose à partir. Il vient de donner l'ordre d'atteler les chevaux de son convoi et réunit sa colonne. Il a retiré ses avant-postes, et sa troupe fait l'appel au centre du village, gardée seulement, dans la direction de Dijon qu'elle doit prendre, par le petit poste qui formera sa pointe d'avant-garde. Mais, avant qu'il ait pu terminer ses préparatifs, notre arrivée le force à combattre.

Aux premiers coups de feu, les Prussiens ont rapidement occupé les maisons à la lisière du village ; et, aussitôt, la fusillade éclate sur tout leur front. Nous apercevons à deux cents pas devant nous, dans la demi-obscurité de l'aube naissante, leur ligne de feu que dessine nettement la flamme

vive des coups de fusil, tandis que leurs balles, dirigées trop haut, passent par volées au-dessus de nos
têtes.

De notre côté, à ce moment-là, on ne tire pas
pour ainsi dire. Après les quelques coups de feu
échappés à ses hommes de tête, une partie du 50ᵉ de
ligne, entraînée par ses gradés, a poussé en avant
avec vigueur, au pas gymnastique, et a pénétré
dans le village par la grande route. En même temps,
les compagnies des *francs-tireurs marins*, de *Bigorre*
et de *Jonzac*, de *l'Atlas* et la *section Barbas* de Langres, entrent dans Prauthoy, soit par la route également, mélées au 50ᵉ de ligne, soit par les champs
et les vignes à gauche, pour diminuer la profondeur et offrir ainsi moins de prise aux coups de
l'ennemi.

L'Égalité de Marseille et des hommes de tous les
autres corps ont suivi, mais se sont surtout répandus
à droite, en avant du nouveau cimetière, à la lisière
des jardins, sur un front qui se trouve sensiblement
en arrière, en somme, de l'action réelle.

Là, notre petit corps de Jonzac, comme toutes
les autres fractions, du reste, s'est divisé et, personnellement, j'ai marché avec le groupe qui est entré
dans Prauthoy par la gauche. Les vignes que nous
devons traverser sont soutenues par des fils de fer
tendus horizontalement, dans lesquels trébuchent et
tombent ceux des nôtres qui courent en tête. En les
voyant tous choir lourdement, les bras en avant, à

quelques pas de moi, je les crois atteints par le feu
des Allemands qui, embusqués derrière les murs,
nous tirent dessus à moins de cent mètres; mais ils
se relèvent aussitôt, au moment où, empêtré à mon
tour, je tombe, rassuré du même coup sur les causes
de cette chute générale.

Cette première poussée en avant a été si rapide
et si vigoureuse, que les Prussiens ont abandonné
sans résistance sérieuse leur première ligne de défense. Ils reculent jusqu'aux abords de l'église, à
cent cinquante pas en arrière, s'abritent dans le
vieux cimetière, où ils se massent, dans les bâtiments de la cure et les maisons d'en face, et prati-
quent partout des ouvertures jusque dans les toits.
Le jour est venu.

Le 50ᵉ de ligne a déjà perdu quelques hommes
à l'entrée du village. L'un de ses morts est assis sur
le bord du fossé de gauche, la tête dans la main
droite, le fusil entre les jambes, dans la position la
plus naturelle. Je le crois seulement blessé et, en
passant, je propose à un sapeur de son régiment,
vieux soldat rappelé à la longue barbe roussâtre,
de m'aider à le conduire dans la cour voisine, où il
sera plus en sûreté, le tir des Allemands, qui balaie
le chemin, pouvant encore l'atteindre. Le sapeur
hausse les épaules en me disant que « quand je serai
blessé de cette façon je n'aurai plus besoin du
chirurgien ». Une dizaine de nos francs-tireurs sont
aussi là, couchés dans la rue, les morts étendus tout

de leur long, la face contre terre, les jambes et les
bras écartés.

Je me trouve tout à coup au milieu de la masse
compacte des nôtres qui, en pleine rue, à découvert, serrés entre les maisons de gauche et les
voitures du convoi prussien à la file à notre droite,
continuent de crier : « En avant ! à la baïonnette ! »
Un capitaine du 50ᵉ est près de moi. Barbe et cheveux gris, d'assez haute taille, revêtu de son caban
et sabre au fourreau, il me fait oublier, par son
beau calme, le danger que nous courons. Élevant
juste assez haut la voix pour dominer la fusillade
et le tumulte, il nous pousse doucement de sa
canne et de ses bras étendus horizontalement, en
répétant : « Allons, mes enfants, courage ! Ça va
bien ! en avant ! » Mais le feu de l'ennemi est terrible ; les nôtres continuent de tomber, nombreux,
et nous devons reculer de quelques pas pour chercher un abri dans les maisons ou derrière les murs
des jardins déjà conquis. La partie sera plus égale
et nous n'y combattrons que plus utilement, avec
moins de pertes. Ce qui m'irrite, c'est qu'au milieu
de cette fusillade, de ces balles qui nous viennent
de partout, des fenêtres, des toits, des encoignures,
presque à bout portant, je n'ai pas encore pu apercevoir un seul de nos ennemis, pas même la pointe
d'un casque !

Je suis seul là, de Jonzac ; aussi est-ce avec joie
que, tout à coup, j'aperçois Lebois, notre sergent-

major. Nous ne nous quitterons plus, à part un court instant, jusqu'à la fin du combat.

Toujours calme, souriant même, Lebois sort de la maison à hauteur de laquelle je me trouve (1), poussant devant lui deux prisonniers qu'il vient de faire. Il ne sait pas ce que sont devenus les nôtres; mais il a aperçu Vigneau dit *Fine-Lame* et Lagarde, au moment où ils allaient disparaître, en tête d'un groupe de soldats du 50ᵉ et de quelques *chasseurs d'Orient*, dans l'une des maisons de gauche, à trente mètres en avant, après en avoir enfoncé la porte à coups de crosse. Il craint pour eux; car ainsi que la précédente et celles qui suivent, cette maison était occupée par les Prussiens qui faisaient un feu d'enfer par toutes les ouvertures. Je lui fais observer que de nombreux coups de fusils en partent encore, mais semblent dirigés sur le bâtiment d'en face (2) et du côté de l'église, sur les Prussiens, par conséquent, ce qui permet de penser que les nôtres en sont maîtres.

Mais nous restons à peu près seuls dans la rue, en face de l'habitation du capitaine Fasquelle, que précède un étroit jardinet bordé d'une grille où gisent, frappés à mort, quelques volontaires de la brigade; d'instinct, les prisonniers de Lebois s'y sont jetés pour s'abriter. Nous servons là, pendant

(1) Celle qu'habite M. André, huissier, et qui appartenait alors à M. Gy-Bournot, ancien gendarme.
(2) Le presbytère.

quelques secondes, de point de mire à l'ennemi;
une grêle de balles nous arrivent et, après avoir
brisé l'extrémité en fer de lance de quelques-uns
des barreaux de la grille, vont ricocher derrière
nous, sur le mur, d'où elles rebondissent avec des
miaulements de chats. Promptement, après avoir
déchargé nos armes dans les persiennes fermées
d'une fenêtre d'où est sortie la flamme de quelques
coups de feu, nous entraînons les prisonniers vers
le jardin voisin, où on accède de la rue par une
étroite ouverture.

Près de l'entrée, dont la fermeture consiste en
un portillon en treillage à moitié démoli, un Prussien mort est étendu, adossé au mur. Il a été frappé
en pleine poitrine et un long filet de sang, déjà
figé, a coulé sur sa tunique. Les bras pendent naturellement le long du corps; le visage est calme,
encore coloré...

Devant nous, en contre-bas, s'échelonnent des
jardins que bornent à cent cinquante mètres environ les derniers arbres d'un parc, celui du château. Au loin, la campagne s'étend, uniforme sous
la couche blanche qui en recouvre tous les détails.
L'emplacement est favorable. En dehors de l'étroite
entrée qui, jusqu'à la fin, sera exposée au tir obli-
que des Prussiens embusqués de l'autre côté de la
rue, la plus grande partie du jardin restera défilée
des coups de l'ennemi, sauf pendant un court instant, et nous pourrons y abriter nos blessés. Un

certain nombre de francs-tireurs de différents corps, *chasseurs d'Orient, Égalité, guérilla marseillaise,* et quelques militaires du 50ᵉ de ligne se trouvent déjà là et prennent leurs dispositions pour combattre. L'un des nôtres, Tiphon, est parmi eux.

Le jardin du capitaine Fasquelle, vieil officier d'infanterie en retraite depuis un certain nombre d'années déjà, est situé derrière la maison d'habitation et prolonge perpendiculairement vers la gauche celui que nous occupons. Nous nous embusquons derrière le mur qui le sépare lui-même de la propriété voisine, dans la direction de l'église; et nous ouvrons le feu sur les nombreux Allemands qui, à soixante mètres de nous, abrités derrière le mur de l'ancien cimetière, dirigent une fusillade nourrie sur le haut du village, où tiraillent ceux des nôtres qui ne nous ont pas suivis. Pendant ce temps, de l'autre côté de la rue, en face, dans la cour de la maison Gy-Bournot où trois ou quatre de nos morts sont étendus, un petit groupe de nos volontaires, auxquels sont aussi mêlés quelques soldats du 50ᵉ, tirent vigoureusement sur les Prussiens qui occupent la maison immédiatement au-dessus de celle du capitaine Fasquelle, à vingt pas.

Je crois avoir bien vu tout ce qui s'est passé dans cet étroit espace, où nous avons combattu pendant plus de deux heures; et ma conviction jusqu'à ces derniers temps, comme celle de tous mes compagnons, avait toujours été que les Prussiens, qui occupaient en avant de nous tous les points où on pouvait utilement placer un fusil, avaient également tiré sur nous par les abat-son du clocher.

Il semblerait tout naturel, du reste, que l'ennemi n'eût pas négligé d'occuper ce point, qui, pour lui, n'était pas seulement un poste de combat excellent, mais aussi un bon poste d'observation. Blessé moi-même, vers huit heures, d'un coup de feu qui me laboura le sommet de la tête, en ne me faisant, fort heureusement, qu'une blessure sans gravité, mon impression avait été que le coup me venait de là. Mais M. l'abbé Louis (1), aujourd'hui curé-doyen de la cathédrale de Langres, et alors vicaire à Prauthoy d'où il est originaire, a cru pouvoir m'affirmer, l'an dernier, que les Prussiens n'avaient pas occupé l'église. Et la preuve qu'il m'en a fournie est tirée de cette circonstance que, aussitôt après le combat, le sacristain, qui avait conservé les clefs du clocher, y est monté et en a trouvé la porte toujours close. L'argument paraît sans réplique. Grâce à la fumée produite par la fusillade nourrie du cimetière et qui s'élevait très dense à une certaine hauteur, nous avons pu nous faire illusion sur la direction réelle de certains coups...

(1) C'est à l'obligeance de l'abbé Louis, de même qu'à celle de l'abbé Vallet, curé doyen actuel de Prauthoy, et de M. Depétasse, instituteur de la localité, que je dois quelques-uns des détails qui figurent dans ce récit.

Le combat a atteint son maximum d'intensité, et il va se poursuivre ainsi jusqu'à la fin, monotone dans sa violence, avec un acharnement égal de part et d'autre. La fusillade roule, ininterrompue, et se répercute dans tous les sens; tandis que les balles remplissent l'air de leur sifflement rapide et aigu, plaintif ou rageur, suivant que le projectile accomplit tout son trajet sans rencontrer d'obstacle, ou bien a ricoché et, plus ou moins déformé, reprend sa course dans une direction nouvelle.

Après m'avoir fait un pansement sommaire, Lebois m'a engagé à me retirer un moment dans la partie du jardin que la fusillade n'atteint pas. A côté de Tiphon, que nous y avons posté pour surveiller la rue, se trouvent à l'abri nos deux prisonniers et le sapeur du 50° que j'ai déjà rencontré à l'entrée du village. Le chassepot de ce dernier vient d'être brisé par une balle, à la poignée. Je lui prête ma carabine avec quelques cartouches et il retourne au feu.

Par moments, chez le capitaine Fasquelle, le vieux soldat patriote se réveille. Électrisé par le combat, il sort de la cachette où sa vieille compagne tente vainement de le retenir; et, sans souci du danger, tête nue, il va de l'un à l'autre de nos groupes et nous donne des avis, nous encourage à tenir ferme.

Près de l'entrée du jardin, sans même prendre la peine de s'abriter autant qu'il le pourrait derrière l'angle du mur qui en supporte le portillon ouvert, Tiphon, à genou, fait le coup de feu, posément. Je l'ai interpellé à plusieurs reprises, mais il ne m'a pas répondu. Je me suis alors approché avec soin et, me défilant de mon mieux, j'ai regardé dans la direction de son tir. A vingt ou trente pas en avant au plus, dans l'angle rentrant que forment dans la rue deux des maisons de gauche, un Prussien est embusqué. Suffisamment abrité quand il charge, il est obligé de se démasquer pour lâcher son coup de fusil, car il est à gauche de l'obstacle qui le couvre. Je l'aperçois, bien découvert, au moment où il vient de tirer sur Tiphon; sa balle, rasant la tête de ce dernier, a été se ficher derrière nous dans le mur, dont les coups précédents ont déjà entamé le crépi. Quelques secondes après, un franc-tireur de Marseille veut traverser la rue pour nous rejoindre; mais le Prussien a rechargé son arme et l'abat d'une balle en plein corps. L'homme, emporté par son élan, vient tomber lourdement dans le jardinet. Piqué au jeu, je m'empare de la carabine Minié du mort et de ses munitions, et je me mets à tirer avec Tiphon sur l'adversaire redoutable que nous avons en face de nous. Presque tous nos coups arrivent sur l'angle du mur qui le protège, au niveau de la partie supérieure du corps; les projectiles ébrèchent la pierre, l'émiettent, mais ils rebondissent ou passent sans atteindre le but.

Un soldat du 50ᵉ dont nous avions fait la con-

naissance la veille à Aujeures, Bitche, ancien militaire rappelé par la loi d'août, brave et beau troupier, jovial et sympathique, veut traverser la rue à son tour. Vers le milieu, il se heurte à deux Allemands sortis je ne sais d'où. Il en expédie un d'un vigoureux coup de baïonnette lancé à la hauteur du cou; mais avant qu'il ait pu s'attaquer à l'autre, celui-ci a reculé de quelques pas et lui a envoyé à bout portant un coup de fusil dans l'œil gauche. Le malheureux chancelle et, sans abandonner son arme, il trébuche vers nous en prononçant ces quelques paroles : « Je crois, mes enfants que je suis f.....! » Je le reçois dans mes bras et, avec l'aide des prisonniers, à qui j'ai fait signe, je le place à l'abri de nouveaux coups. Il a le visage inondé de sang. Huit jours plus tard, à l'ambulance de Langres, en face de moi, où le hasard l'aura placé, le brave Bitche mourra, après de cruelles souffrances stoïquement endurées.

Pendant ces rapides instants, Tiphon, imperturbable, a continué d'échanger des coups de fusil avec le Prussien embusqué. Mais, dans ce duel de quelques minutes, où les deux adversaires se montrent également braves et tenaces, c'est lui qui va succomber. Au moment où je me dispose à reprendre ma place près de lui, il est en joue. Je perçois un son mat; le bout de sa carabine plonge fortement, le coup part malgré tout, mais l'arme lui échappe des mains, et lui-même il s'affaisse en exhalant une longue et douloureuse plainte : une balle vient de lui briser la cuisse droite...

Ce n'est pas sans émotion que, l'an dernier, en repassant par Prauthoy, j'ai retrouvé tel quel, avec bien d'autres souvenirs, l'angle de ce mur que nos balles ont ébréché il y a trente ans!

Tout à coup, sur notre droite, une sonnerie de clairon, sourde, se fait entendre. Les prisonniers allemands nous font comprendre que ce sont les leurs qui vont se déployer en tirailleurs. Presque aussitôt, en effet, de nombreux tireurs ennemis, qui semblent vouloir nous envelopper, apparaissent en avant du parc, sur notre flanc droit que nous croyions protégé par ceux des nôtres qui sont restés en arrière, et ouvrent le feu sur nous en s'abritant derrière les arbres. Leurs projectiles viennent fouiller la partie du jardin qui est restée abritée jusque-là. J'ai rejoint les camarades qui, de vingt-cinq à trente environ au début, ne restent plus maintenant qu'une vingtaine debout, en état de tirer, et nous répondons de notre mieux à l'attaque nouvelle. Mais nous sommes trop à découvert de ce côté; la position n'est pas tenable, et il nous faut reculer de quelques pas pour continuer le combat de la maison voisine, qu'occupent déjà quelques-uns des nôtres. Un malheureux volontaire de la *guérilla marseillaise*, les reins brisés par une balle, râle sur le lit dans la pièce du devant, d'où ses camarades tirent dans la rue. En accomplissant ce mouvement, je viens de recevoir une seconde mais insignifiante blessure au sommet du genou gauche.

A ce moment, la fusillade fait rage; elle semble même redoubler de violence, et nous entendons du côté de l'église les « hourras! » répétés des Allemands auxquels le bruit de leurs clairons et de leurs tambours se mêle. Nous sortons aussitôt et nous apercevons, dans la rue, à la hauteur du vieux cimetière, une cinquantaine d'ennemis qui semblent venir du bas du village, à rangs serrés, et que leurs officiers s'efforcent de faire avancer de notre côté à grands coups de plat de sabre, en criant d'une voix colérique : « *Vorwaerts! vorwaerts!* en avant! en avant! » Mais le groupe, fusillé de tous côtés, recule en se débandant, tandis que nous gagnons du terrain dans toutes les directions. C'est le dernier effort des Prussiens et, en même temps, la manœuvre par laquelle ils masquent leur retraite. A partir de ce moment, en effet, ils reculent partout; la fusillade diminue d'intensité et, au bout d'une demi-heure, après des actes isolés de résistance qui font tomber entre nos mains un certain nombre de prisonniers, nous avons la satisfaction de voir l'ennemi abandonner définitivement la partie et s'enfuir par la route qui, coupant transversalement le village au centre, s'éloigne vers l'est. Quelques-uns des nôtres le poursuivent, mais faiblement. Nous sommes tous rendus. De ci et de là, quelques détonations de plus

en plus espacées se font encore entendre ; puis, le
feu cesse complètement. L'action est terminée. Il
est dix heures et demie, et le combat a ainsi duré
près de quatre heures.

Une heure auparavant, le commandant prussien,
qui n'a pas pu nous reprendre une seule des positions conquises dans le premier élan, dont les pertes
sont déjà grandes, et à qui la partie semble perdue,
a fait battre les environs pour s'assurer de la direction qu'il pourra suivre. Ses cavaliers ont poussé
jusqu'au pied de Montsaugeon et sont revenus lui
dire, à son grand étonnement sans doute, qu'ils
n'ont rencontré aucun des nôtres en dehors du village. Il a alors effectué sa retraite vers la Vingeanne,
par la route qui, à deux kilomètres de Prauthoy, se
détache de celle de Dommarien et se dirige vers le
sud. A Choilley, il réquisitionnera des guides, tra-
versera Dardenay, puis Cusey, où il laissera l'un des
blessés qu'il a pu emmener (1), et, de là, en hâte,
mais sans être inquiété, il regagnera la Côte-d'Or,
où se trouve le gros de son régiment. Sa troupe n'en
est pas moins disloquée, et il lui faudra un certain

---

(1) On se souvient encore à Cusey de ces trois voitures de
blessés et de mourants, ensanglantées, et fuyant précipitamment.
Le blessé prussien laissé dans le village, atteint d'une balle
qui, entrée par l'orbite était sortie derrière l'oreille du même
côté, avait suivi la colonne à pied, jusque-là, soutenu par un camarade. Il a survécu à sa blessure et, après trois mois de séjour chez
l'abbé Maîtrier, alors curé de Cusey, il est parti avec un régiment
d'artillerie qui quittait le pays. (Renseignement dû à l'obligeance
de M. René Morisot, instituteur à Cusey.)

temps pour la ravoir groupée sous sa main ; car on verra ses trainards s'échelonner pendant plusieurs heures sur la route qu'il a prise, après le passage de sa colonne.

Les Prussiens emmènent avec eux le seul prisonnier qu'ils ont pu nous faire pendant le combat, et encore dans des circonstances particulières. C'est l'un de nos guides que son cheval (1), emballé, a emporté de leur côté. Ils traîneront ce malheureux jusqu'au pont de Maroue, entre Dardenay et Cusey ; et là, sans qu'on ait pu savoir pour quel motif, ils le tueront de trois coups de feu, dont un à la gorge tiré de si près, à bout portant, que le médecin du pays qui constatera la mort trouvera toute la joue droite brûlée par la déflagration (2).

(1) L'un de ceux pris à Germaines quelques jours auparavant.
(2) Annexe n° 2.

CHAPITRE X

Je n'essaierai pas de dépeindre l'aspect du village après le combat. Dans l'étroit espace d'une superficie de deux ou trois hectares au plus, où l'action s'est concentrée, tout est dévasté. Avec leurs murs percés de meurtrières et décrépits sous l'action des projectiles ; avec leurs toits troués, leurs fenêtres et leurs portes criblées de balles, brisées sous les coups de crosses et les poussées violentes qu'elles ont subis, et dont les débris pendent lamentablement de leurs gonds, les maisons ressemblent à autant de ruines. Çà et là, les habitants qui, pendant la fusillade, se sont réfugiés où ils ont pu, sortent l'un après l'autre de leurs cachettes. Partagés entre les sentiments les plus opposés, la peur, l'espoir, la crainte de nouvelles représailles si les Français sont repoussés, ils se montrent timidement, la mine effarée. Partout, dans les maisons, dans les jardins, dans la rue, on voit du sang, des cadavres, des blessés en grand nombre. Dans le grenier de la

cure, un Prussien s'est embusqué. Tirant sur ceux
des nôtres qui occupent les maisons d'en face, par
le trou de quelques centimètres seulement qu'il a
pratiqué dans la toiture, il a pu se croire à l'abri de
tout danger. Un projectile n'en a pas moins pénétré
par l'étroite ouverture, et on retrouve l'homme
étendu sur le plancher, raide mort, frappé entre les
deux yeux.

La plupart des chevaux du convoi prussien,
comme terrifiés par la fusillade, sont restés sans
broncher à leur place, dans la rue que balayaient
les projectiles, et ont été frappés. Quelques-uns,
restés debout quand même, agitent tristement leurs
membres brisés comme pour attirer la pitié sur eux.

Il est des endroits où les nôtres sont tombés les
uns sur les autres. Dans la cour de la maison Gy-
Bournot, déjà citée au cours de ce récit, trois volontaires ont été tués au début même de l'action. Cinq
autres, frappés depuis, gisent maintenant là avec
eux, pêle-mêle. Parmi ces derniers, un tout jeune
soldat du 50ᵉ atteint à la tête par l'une des dernières
balles qu'ont lancées les Prussiens en s'enfuyant,
est resté dans l'attitude qu'il avait au moment où il
a été frappé. Sa mort remonte à un quart d'heure à
peine, et il est là, dans la position du tireur à genou,
près de l'angle du mur derrière lequel il s'abritait,
déjà rigide, décoloré, le corps rejeté en arrière et
soutenu par le havresac, le chassepot solidement
maintenu dans ses mains crispées.

Impressionnés par ce spectacle, étonnés du silence et du calme qui ont succédé presque sans transition au bruit et à l'agitation de la lutte, les survivants circulent curieusement au milieu de ces choses, s'interrogeant les uns les autres; chacun à la recherche des camarades, des amis dont les circonstances du combat l'ont séparé; heureux de vivre encore, mais anxieux et tremblant de retrouver les siens parmi ceux que la mort a fauchés.

Le premier de Jonzac que je rencontre est Gauthier. Il a reçu dans la fesse gauche une balle morte qui n'a déterminé qu'une violente contusion avec large ecchymose, sans perte de sang, et il claudique légèrement. Puis nous voyons apparaître Lagarde, petit de taille, râblé, vigoureux et ferme. Il a pris, cachés dans un grenier, deux Prussiens qu'il vient de conduire non loin de là, au poste du 50ᵉ qui garde leurs camarades. Il a combattu à côté de Vigneau dit *Fine-Lame*, son compatriote, dont il nous dit merveille et qu'il nous désigne de la main. Celui-ci, la carabine en bandoulière, un casque prussien à la main, cause familièrement au pied de l'église avec un sergent du 50ᵉ qui semble prendre plaisir à l'écouter. Le sergent, un tout jeune homme à la physionomie vive et sympathique, nous dit aussitôt, en frappant amicalement sur l'épaule de *Fine-Lame*, que celui-là est un vaillant et un tireur comme on en voit peu. Il n'a pas gâché sa poudre. C'est tout au plus s'il a brûlé vingt cartouches durant toute l'affaire, mais bon nombre de ses coups ont porté. Quatre ou cinq des Prussiens qui sont rangés là, devant la vieille construction sur l'emplacement de laquelle s'élève aujourd'hui la maison d'école, sont tombés sous les coups de notre ami. C'est lui qui a abattu le tambour qui figure parmi les blessés, au moment où il battait la charge. Vigneau semble trouver la chose toute naturelle et, modeste, sur ce ton inimitable qui lui est habituel, il se contente d'insinuer « qu'il n'a jamais manqué une perdrix » !

Au même instant survient Lebois, notre sergent-major, dont j'ai été séparé vers la fin du combat. Il a le visage tacheté de gros points sanglants. D'abord, il a attribué ces blessures légères aux éclats d'une balle explosive, car on a retiré des plaies quelques fortes parcelles de plomb; mais il pense que ce sont plutôt les débris d'un projectile déchiqueté en ricochant près de lui. Il a saigné avec abondance, mais ce ne sera rien. Il vient de parcourir rapidement le village, à la recherche des nôtres, et il n'a rencontré que Buisson et Masson. Le premier débouche au moment même du chemin que les Prussiens ont pris pour s'éloigner. Chaussé de lourds sabots avec lesquels il marche depuis trois jours, comme à l'armée de la Moselle, il traîne une vache par le licol. Les Prussiens, fidèles à leurs instincts de pillage et bien que battus, ont tenté d'emporter du butin. Entre autres, ils ont mis le presbytère à sac, pendant le combat même, et ont jeté par les fenétres ce dont ils n'ont pu se charger, pendules et mobilier. Quelques-uns ont été jusqu'à détacher des animaux dans les étables et se sont efforcés de les emmener. Buisson est tombé sur un groupe de ces pillards; il leur a donné la chasse et, à coups de fusil, les a contraints à lâcher la vache qu'ils entraînaient, et il la ramène.

Masson, lui, se trouve dans l'une des premières maisons du village. Grièvement blessé d'une balle à l'épaule gauche, il est parvenu à se réfugier là, après maintes péripéties, au cours desquelles sa vie a été en danger. Peu d'hommes ont vu la mort de plus près que lui.

Entré dans Prauthoy par la droite, il n'a pas cru devoir s'en tenir à tirailler de loin. Poussant droit devant lui comme il est dans sa nature énergique de le faire sur tous les terrains, il a cheminé, en longeant le parc, jusqu'au moment où il a rencontré un colimaçon en pierre qui sert d'ornement au jardin du château. Là, il a dépassé le front même de la défense. Il se trouve à moins de cent mètres des Prussiens, en arrière de leur flanc gauche, et tout au plus à cinquante pas de la route qu'ils prendront pour quitter le village. Il a sous les yeux leur principale réserve, soigneusement défilée des coups de l'attaque, sur la terrasse du château et dans les cours et les jardins en retrait des maisons qui avoisinent l'église. L'endroit lui plaît et, sans songer au danger qu'il court, séparé des nôtres, éloigné de tout secours, il s'installe sur le colimaçon et se met à tirer avec ardeur. Mais la riposte ne se fera pas attendre. Pendant deux heures il essuiera le feu des Prussiens qu'il a là en face et qui, chose invraisemblable, ne tenteront rien pour s'emparer de lui. Un moment même, perché seul sur son fortin improvisé, revêtu de sa longue capote noire, et coiffé du béret qui est venu remplacer son chapeau perdu quelques jours auparavant, il recevra les coups de fusil de certains des nôtres qui l'ont pris pour un fantassin ennemi.

Vers huit heures et demie, voyant ses cartouches s'épuiser, il a tenté de nous rejoindre, et c'est en effectuant ce mouvement qu'il a été blessé.

Après avoir accompli sans encombre un premier bond, il en achève un second et s'abrite derrière le tronc épais d'un vieux pommier, face aux Allemands toujours, lorsqu'une grêle de balles vient s'abattre sur lui. Un projectile l'atteint au sommet de l'épaule gauche, passe sous l'omoplate, qu'il brise, et sort à vingt centimètres plus bas. Violemment renversé sur le sol, il s'est relevé malgré la douleur, et il a repris sa marche vers le haut du village, pendant que les Allemands continuent de le couvrir de leurs feux. Mais sa fermeté l'abandonne; il se sent partir et, après un dernier effort pour traverser une haie qui le dérobera aux vues de l'ennemi, il tombe, épuisé, et perd connaissance. Quand il reviendra à lui, transi de froid, il se retrouvera sans force, af-

faibli par la perte de son sang, et c'est à grand'-
peine qu'il pourra gagner la maison où, sur l'indication de Lebois, je viens de le retrouver.

Grâce au cordial que lui a fait prendre la bonne
Mme Fasquelle, la femme du vieux capitaine, qui,
dès la fin du combat, s'est mise à la recherche des
blessés et leur donne ses soins, il s'est un peu res-
saisi; il se sent capable de marcher et me témoigne
le désir de jeter un coup d'œil sur le théâtre de la
lutte. Nous refaisons alors ensemble le trajet que
j'ai déjà parcouru, nous arrêtant à chaque pas,
sollicités par le spectacle terrible qui s'offre à nous
de toutes parts.

Chemin faisant, Masson me conte la curieuse
circonstance que voici :

Le lecteur peut se rappeler que j'avais emporté
de Tours une giberne extraordinaire, que je devais
à l'obligeance d'un sergent-major de chasseurs à
pied blessé. Mes camarades m'avaient plaisanté
souvent au sujet de cet effet d'équipement lourd et
très gênant par ses dimensions exagérées, et un
amour-propre bien mal placé m'avait seul incité à
le conserver. Il avait fini, cependant, par me blesser
assez sérieusement à la ceinture et, excédé, au cours
même de la marche qui, la nuit précédente, nous
avait amenés à Prauthoy, je m'en étais débarrassé.
Masson s'en était alors saisi; mais il en avait promptement reconnu toute l'incommodité et, au moment
même où nous étions arrivés en vue du village, il

l'avait sagement abandonnés. En revenant de l'é-
vanouissement dans lequel il était tombé après sa
blessure, il s'était retrouvé à côté du corps d'un
franc-tireur de Marseille frappé après lui. Dans la
chute, le ceinturon du mort s'était détaché, et la
fameuse giberne dont le malheureux s'était emparé
à son tour, s'étalait là, à deux doigts du point où
notre ami avait posé la tête. Tous ceux qui se trouvaient avoir touché à la giberne maudite avaient
donc été atteints par le feu de l'ennemi, comme
frappés d'un mystérieux maléfice.

Peu à peu, les populations voisines, longtemps
effrayées par la fusillade, se sont enhardies ; elles
ont pénétré dans le village dès qu'elles ont pu constater que l'avantage nous est resté, et maintenant,
la foule est considérable ; nous y sommes comme
noyés. Ce qui surprend tout le monde, c'est le petit
nombre des survivants. On peut affirmer que trois
cents à trois cent cinquante des nôtres au plus ont
pénétré et se sont maintenus dans le village jusqu'à
la fin du combat. Et cependant, la brigade, y compris les deux compagnies du 50ᵉ, pouvait mettre en
ligne douze à treize cents fusils. Seule, sans réserve
ni soutien, sans qu'une tentative sérieuse ait été
faite pour lui venir en aide, c'est donc cette poignée
d'hommes qui a battu l'ennemi, l'a contraint à lui
céder le terrain ! Nous comprenons maintenant
pourquoi le combat a tant duré, et comment les
Prussiens ont pu effectuer une retraite facile ; alors

que, par la supériorité de nos effectifs, nous pouvions compter sur un succès plus rapide, plus complet et moins chèrement acheté. Que s'est-il donc passé? Qu'est devenue la majeure partie de nos gens?

Après une heure de combat, ainsi qu'il le déclare lui-même dans son rapport au commandant supérieur de Langres (1), le colonel Lobbia a conçu la pensée de pénétrer dans le village à cheval, à la tête des *guides*, entouré de son état-major; et il a retiré de cette entreprise tout ce que, raisonnablement, il en pouvait attendre, la perte de quelques hommes et d'une vingtaine de ses chevaux. Son chef d'état-major, le commandant Castellazzo, a été blessé à ses côtés.

Vers neuf heures, sur la route de Dijon où il s'est retiré, un capitaine du 50e, suivi d'une quarantaine d'hommes de ce corps, est venu le trouver et lui a déclaré que l'entrée du village est impossible. C'est alors qu'il a cru devoir donner l'exemple de la retraite et que, suivi de la plus grande partie de la colonne, des fractions qu'il a retenues près de lui, des hommes du 50e qui l'ont rejoint et de ceux de tous les corps qui sont restés à tirailler de l'extérieur du village, il a repris le chemin d'Aujeures, où il sera déjà de retour lorsqu'on viendra lui annoncer la fuite des Allemands.

(1) V. annexe n° 8.

Vainement, dans son rapport, le colonel Lobbia essaiera ensuite de transformer cette retraite en mouvement tactique. Aucune allégation ne peut prévaloir contre la réalité des faits. Et tout le monde sait que ce n'est pas en tête de sa colonne, accompagné du convoi enlevé aux Allemands et suivi de leurs prisonniers, que le chef de l'expédition est rentré à Langres, mais tardivement, à huit heures du soir, alors que nous étions nous-mêmes de retour depuis plus de quatre heures. C'est humiliant, mais à qui s'en prendre sinon à lui-même?

Le colonel Lobbia, nous l'avons vu, n'était pas le premier venu. Ses antécédents militaires lui permettaient de se tirer à son avantage du commandement qu'il exerçait; il avait déjà fait preuve de talent en maintes circonstances, et son attitude le 28 janvier 1871 n'en restera que plus difficile à expliquer.

Quels que soient les motifs qui l'ont guidé dans sa retraite, la persistance et l'intensité de la fusillade dont il a longtemps perçu le bruit sur le chemin qu'il vient de reprendre pour s'éloigner du combat, lui ont démontré qu'une fraction de ses troupes est toujours sérieusement aux prises avec l'ennemi dans le village; et son devoir élémentaire, dans cette circonstance, était de ne pas abandonner à eux-mêmes les éléments qui avaient le mieux exécuté ses ordres, auxquels aucun avis de retraite n'avait été transmis, et qui pouvaient ainsi se trou-

ver placés dans une situation des plus critiques,
voire être anéantis complètement.

Tout ce que l'on peut le plus raisonnablement
supposer, semble-t-il, c'est que le colonel Lobbia,
voyant les choses tourner autrement qu'il ne l'a
prévu, se trouvant engagé dans un combat dont
l'acharnement lui laisse présager des pertes hors
de proportion avec le but qu'il s'est proposé, a
résolu de ne pas pousser plus loin l'affaire. Mais
encore, dans ce cas même, il avait des précautions
à prendre, un devoir à remplir, celui de dégager tout
son monde et de ne se retirer qu'après avoir organisé sa retraite.

Il est aussi permis de penser qu'après avoir
poussé, à la tête de son état-major et des guides,
cette charge inutile où il venait de se montrer très
brave, mais irréfléchi, il s'est laissé aller à l'un de
ces mouvements de colère qui lui sont familiers;
et, dès lors résolu à s'en prendre à quelqu'un des
suites de l'affaire quelles qu'elles fussent, il est
parti, laissant à chacun le soin de s'en tirer comme
il pourrait. Et c'est sans doute à cette dernière
pensée qu'il faudra attribuer les lignes par lesquelles il achèvera son rapport au commandant
supérieur, disant que « les troupes sous ses ordres,
y compris les deux compagnies du 50ᵉ, n'ont fait
dans cette circonstance leur devoir qu'à demi. Si
elles l'eussent fait entièrement, aucun Prussien ne
se fût échappé » .

Si le colonel Lobbia, par ces mots, a entendu reprocher aux troupes qui ont pénétré dans le village d'avoir engagé la fusillade contrairement à ses ordres, son opinion à cet égard procède d'une erreur. Ce n'est nullement le 50e, non plus que les volontaires qui l'ont suivi, qui ont tiré les premiers, mais bien les Allemands ; et, à part les quelques coups de fusil par lesquels les hommes de tête ont riposté à l'avant-garde ennemie, la fusillade, de notre côté, n'a réellement été engagée qu'à l'entrée du village. Et le capitaine von Kriesz, commandant du détachement prussien, commet lui-même une erreur semblable, dans son rapport (1), en disant « que la rue du village qui conduit à l'issue méridionale fut subitement balayée par la fusillade ennemie ».

Quant à l'avis qu'aucun Prussien n'eût dû pouvoir s'échapper, c'est bien celui de tous ; et, s'il en a été autrement, le faute n'en est point imputable à ceux auxquels leur petit nombre interdisait toute manœuvre en dehors de l'attaque directe, et qui ignoraient complètement, du reste, ce qui se passait en arrière.

Grâce à la configuration du sol, rien n'était plus facile pour un homme de l'expérience du colonel Lobbia que de diriger le combat du 28 janvier. L'attaque dominait tout le terrain en avant d'elle, et toute tentative sur les flancs de l'ennemi était

____

(1) V. annexe n° 9.

destinée à réussir. Décontenancés par l'impétuosité de l'assaut, les Prussiens se sont trouvés engagés à fond, dès le début; leur réserve a été disposée en entier en vue de la défense de front, et leurs flancs sont restés dégarnis à peu près jusqu'à la fin de l'action. Quelques centaines d'hommes envoyés à droite et à gauche sur les routes de Dommarien et d'Esnoms, les auraient occupées sans coup férir et sans péril même, auraient pu se porter jusque sur le derrière de la position.

Entouré de toutes parts par des forces doubles des siennes, l'ennemi n'aurait eu alors d'autres ressources que de déposer les armes. C'était le plan élaboré par le colonel lui-même, avec cette différence que, par suite des circonstances, il devait s'exécuter par l'extérieur du village, ce que la topographie des lieux, où les abris se multiplient, rendait éminemment réalisable.

Mais le colonel Lobbia a péché et, comme tous ceux qui se trouvent dans un cas semblable, il essaiera d'en sortir. La chose en elle-même n'est pas pour surprendre, tellement est humaine la tendance de chacun à toujours justifier ses propres actes; seulement, la justification tentera de s'opérer ici aux dépens d'autrui, et c'est ce qui en rendra la formule répréhensible.

Le commandant prussien essaiera, lui aussi, d'établir l'opportunité de la retraite qu'il a effectuée. Au moment où une de ses sections, « en occupant le presbytère et un mur qui s'y rattache, réussissait à atteindre à courte distance (dix ou quinze pas) d'un feu très efficace le détachement ennemi, il a vu de nouveaux détachements ennemis apparaître et l'assaillir de front, en même temps que des colonnes ennemies, précédées de forts essaims de tirailleurs et descendant d'une ligne de hauteurs situées au nord-est du village *venaient ensuite menacer la ligne de retraite qu'il avait choisie...* »

C'est de l'imagination pure ; mais au moins, le capitaine von Kriesz, en essayant de se dorer la pilule à lui-même, se garde-t-il de jeter un blâme immérité sur ses subordonnés.

En plaçant dans son rapport les mots rappelés ci-dessus, le commandant de la *deuxième brigade* commettra donc une grosse injustice. En tendant à la confondre avec la masse dont une partie s'est soustraite d'elle-même au combat, et dont il a entraîné l'autre partie dans le mouvement de retraite qui le gène aujourd'hui, il manquera gravement de loyauté envers la minorité énergique aux efforts seuls de laquelle le succès final a été dû. Il fera craindre que l'opinion qu'il a laissée de lui à Autun ne soit fondée ; opinion qui, à quelque temps de là, fera dire à un homme qu'on ne peut cependant pas suspecter de dureté à l'égard de l'état-major garibaldien (I), que « la finesse

(1) *Garibaldi et l'armée des Vosges,* par M. Auguste MARIN, ancien sous-préfet d'Autun.

extrême de M. le sous-chef d'état-major Lobbia se transformait bien vite aux yeux de certaines gens, et cessait d'être une qualité, pour devenir un fort vilain défaut, assez commun en Italie, disaient les méchantes langues. On le disait fourbe ».

De son côté, le rédacteur de l'historique du 50ᵉ, insuffisamment renseigné sans doute, ou dans la hâte du moment, se montrera incomplet, voire injuste lui-même, par omission. N'envisageant que les pertes subies par les deux compagnies de son régiment qui ont pris part à l'affaire, il négligera complètement le concours de cent cinquante ou deux cents volontaires qui, sans chefs, sans ordres et sans direction, ont suivi, précédé sur certains points, leurs aînés de l'armée active et bravement combattu au milieu d'eux; alors, cependant, que le capitaine Masse, commandant des deux unités engagées, y fait allusion dans son rapport.

« Le 27, dit cet historique, les deux compagnies combinèrent leur mouvement avec une colonne de l'armée des Vosges, commandée par le colonel Lobbia, qui devait attaquer le village de Prauthoy, occupé par un fort parti ennemi.

« L'attaque ne réussit qu'à moitié. Néanmoins, les *deux compagnies du 50ᵉ entrèrent dans le village et en débusquèrent l'ennemi.*

« Ce dernier, *voyant que les troupes du colonel Lobbia n'avaient pas suivi les colonnes d'attaque composées des compagnies du 50ᵉ, essaya d'envelopper* les troupes qui étaient entrées dans le village. Mais il fut bientôt repoussé par un feu bien nourri. Malgré que l'attaque n'eût réussi qu'à moitié, l'ennemi se sauva sur la route de Dommarien, en laissant en notre pouvoir ses voitures et quatre-vingt-quatre prisonniers. Nos pertes s'élevèrent à *quarante-cinq hommes tués et blessés.* »

Ainsi donc, dans ce court récit, le seul auquel pourront se référer plus tard les écrivains désireux d'évoquer le souvenir de l'affaire, pas un mot ne vient attester la présence effective de volontaires de la deuxième brigade des Vosges au combat du 28 janvier. Et cependant, les pertes de la journée ne se sont pas bornées aux *quarante-cinq hommes* accusés par le 50ᵉ ; elles ont atteint le chiffre élevé de près de *cent tués et blessés.* Et par qui a été supporté le complément, si ce n'est par les francs-tireurs qui ont pris part à la lutte ?

Le combat de Prauthoy appartient à cette catégorie d'affaires, de coups de main, qui n'ont pu avoir qu'une influence très secondaire sur les résultats généraux de la campagne, mais qui n'en figurent pas moins parmi les faits de guerre honorables dont le souvenir mérite d'être conservé. Et il est juste que la part de chacun y soit exactement relatée ; que la mémoire des morts, la plupart anonymes, qui reposent maintenant dans les cimetières de Prauthoy, de Langres et de Montsaugeon, réguliers et partisans, soit également honorée.

J'ai servi depuis la guerre dans l'armée régulière.
Naguère encore je figurais comme officier, comme
capitaine, dans l'un de nos régiments de réserve ; et
je suis de ceux qui aiment notre armée nationale et
s'honoreront toujours d'en avoir fait partie. Mais
j'ai considéré comme un devoir, et sans arrière-
pensée de critique du reste, de rétablir la vérité, de
la compléter plutôt sur un point où, involontaire-
ment sans aucun doute, elle a été en partie méconnue.

Aussi bien, la constatation que les partisans qui
ont combattu à Prauthoy à côté des troupes de
ligne ont fourni à celles-ci un appui utile, n'est pas
pour amoindrir le mérite des compagnies du 50ᵉ
qui s'y sont distinguées.

Tout au contraire, car il est permis de penser
que la présence près des volontaires qui ont pris
part au combat et s'y sont vaillamment comportés,
d'une troupe mieux encadrée et bien conduite au
feu, a été pour eux une puissante cause d'émulation.

En abandonnant Prauthoy, les Prussiens ont
laissé entre nos mains quatorze voitures contenant
du pain, de l'avoine, de l'eau-de-vie, les objets
qu'ils ont volés pendant le pillage et où se trouvent
jusqu'à des effets d'enfants, 200 fusils, la comptabilité, les timbres et la caisse du régiment avec
1,500 thalers, un fourgon de munitions, un fourgon
d'ambulance et 14 chevaux.

Leurs pertes ont été sensibles. En y comprenant

les dix ou douze blessés qu'ils ont pu emmener dans trois voitures, elles se sont élevées à 21 tués et 63 blessés, dont 6 officiers, 11 sous-officiers et un tambour. L'un de leurs officiers, le premier lieutenant de Zitzewitz, gravement atteint au bas-ventre, mourra le lendemain à Prauthoy. Huit autres de leurs blessés succomberont un peu plus tard : trois à Langres et cinq dans divers lieux, ce qui portera le total de leurs pertes à 165 hommes environ, y compris les prisonniers, soit, au tiers presque de leur effectif (1).

La statistique allemande, exacte d'habitude, est ici en défaut. D'accord avec nos chiffres, quant aux morts et aux blessés, elle en diffère très sensiblement en ce qui concerne les prisonniers valides, qui n'auraient été, d'après elle, qu'au nombre de sept (2). Les habitants des villages que nous avons traversés pour rentrer à Langres et ceux de la place même qui, en foule, nous attendaient à la porte des Moulins, ont pu constater qu'il y avait plus de sept hommes dans la longue file de prisonniers que nous escortions.

Le colonel Lobbia, dans son rapport, évalue à 73, le nombre des prisonniers allemands ; et, inexact à

(1) Les trois compagnies allemandes étaient venues à Prauthoy avec un effectif de 9 officiers et 511 sous-officiers et soldats (Rapport du capitaine von Kriesz, commandant du détachement.)

(2) *Tableaux statistiques des pertes des armées allemandes en 1870-71*, d'après les documents officiels allemands, par le capitaine LECLERC, du 101e régiment d'infanterie, p. 518.

d'autres égards, il exprime ici la vérité stricte. Dans un document destiné à l'autorité même qui, par suite des circonstances, avait à pourvoir à la garde et à la nourriture des prisonniers, il n'a pas pu errer sur un point dont le contrôle était immédiat et facile.

Ses chiffres sont confirmés du reste par ceux relevés dans l'historique du 50ᵉ, à une unité près. Dans ce dernier travail, en effet, les prisonniers sont évalués au nombre de 84, parce que les 11 blessés que nous avons emmenés à Langres le jour même y sont comptés.

L'erreur de la statistique allemande touchant ce détail peut sans doute s'expliquer par la mise en liberté des prisonniers, dans les premiers jours de février, en vertu de la clause de l'armistice qui disposait que « les captures qui seraient faites après la conclusion et avant la ratification de l'armistice *seront restituées*, de même que les prisonniers qui pourraient être faits de part et d'autre dans des engagements qui auraient eu lieu dans l'intervalle indiqué ».

Le commandant prussien lui-même, qui, de son côté, a sans doute jugé bon de ne pas conserver la trace complète d'une circonstance qui aggravait l'échec de sa troupe à Prauthoy, alors que l'absence de ses hommes avait à peine eu le temps d'être remarquée, a cependant signalé **32 disparus dans son** rapport.

Ce n'est pas, du reste, la seule lacune à signaler dans la statistique allemande ; car, à ne s'en tenir qu'aux opérations restreintes qui figurent dans ce récit, on peut y constater l'absence de toute mention relative à la surprise des postes de Vaillant, Germaines et Prauthoy, les 23 et 24 janvier.

Nos pertes en tués ont dépassé celles des Prussiens. Trente-trois des nôtres ont été frappés à mort pendant le combat même ; tandis que le chiffre de nos blessés, comme celui des Allemands, dépasse la soixantaine. Dix de ces derniers mourront par la suite, trois à Langres, six à Prauthoy et un à Montsaugeon (1). Une centaine des nôtres ont donc été atteints par le feu de l'ennemi ; et une seule chose peut surprendre, c'est que le nombre n'en ait pas été plus grand encore, eu égard aux conditions défavorables dans lesquelles nous avons dû engager et soutenir l'action.

Dans ces chiffres, le petit peloton de Jonzac, déjà amoindri par ses malades (trois des nôtres, sérieusement indisposés, avaient dû être reconduits à Langres, de Perrogney, le 26), figure pour une part honorable, toute proportion gardée. Il compte cinq blessés, dont trois en état d'être hospitalisés. Parmi

(1) Charles Farcy, franc-tireur originaire de la Réunion. Atteint au début de l'action, le malheureux, poussé par l'instinct de la conservation, chemina en arrière et parvint à se traîner jusqu'aux environs de Montsaugeon. Épuisé, il fut transporté au presbytère, où il mourut le lendemain. (Renseignement dû à l'obligeance de M. l'abbé Fournier, curé de Montsaugeon.)

ces derniers, deux sont gravement atteints : Masson et Tiphon.

Les francs-tireurs de Bigorre, restés en petit nombre au combat, n'ont perdu qu'un seul homme, blessé mortellement. Traversé de part en part d'un coup de feu, il mourra le lendemain à Prauthoy.

CHAPITRE XI

Les blessés. Dévouement des habitants de Prauthoy. — Retour
à Langres. — A l'ambulance. — Mauvais bruits. — L'armistice. — Les élections. — Prochain retour.

C'est avec le plus louable empressement que,
dans le village, chacun s'est mis en mesure de secou-
rir les blessés, dès la fin de l'action.

Le médecin prussien, docteur Senftleben, resté
à Prauthoy, donne les premiers soins (1), tandis
qu'on prépare les voitures qui emmèneront à Langres les blessés transportables. Les autres, au nombre
de soixante-deux environ (2), seront soignés à l'ambulance municipale, confiée aux religieuses qui
tiennent l'école de filles du village (3), ou répartis
chez les habitants aisés. Quelques blessés prussiens
sont aussi transportés à Vaux-sous-Aubigny, à
deux kilomètres de là ; plusieurs meurent pendant
le trajet. Partout, à l'envi, on s'efforcera d'adoucir

(1) Emmené à Langres comme prisonnier, il sera relâché plus
tard.
(2) 23 Français et 39 Allemands (voir annexes n° 5, 6 et 7).
(3) Les sœurs Saint-Pierre et Azalie.

les souffrances, cruelles chez quelques-uns, que tous endurent avec constance et courage. Au premier rang des personnes, des infirmiers volontaires de toutes conditions dont les blessés de Prauthoy ont conservé le souvenir, c'est un devoir de citer, en outre des prêtres et des religieuses en résidence dans le pays et dont le dévouement a été au-dessus de tout éloge, MM. Viart, l'un des premiers à la peine, et Louis Borne, instituteur adjoint, actuellement directeur de l'école de Montreuil-sous-Bois; Mmes Mathey, née Colas, femme de l'instituteur; Marie Terruelle, femme Pernot; Marie Truchot, femme Vinotte; Ernestine Poinsot, femme Artichaut; Julie Grenouille, femme Martel, et Françoise Illinck. A l'exception de la sœur Saint-Pierre, décédée il y a quelque vingt ans déjà, toutes ces personnes sont encore existantes.

Il en est de même de M. Hutinel, le jeune interne qui resta attaché pendant deux mois à l'ambulance de Prauthoy et y fit preuve d'un zèle et d'un dévouement inlassables. M. Hutinel a fait son chemin depuis, car il figure maintenant au premier rang parmi les praticiens qui honorent le corps médical de Lyon.

C'est principalement à ces personnes dévouées, à leur abnégation et aux soins assidus qu'elles ont prodigués aux blessés du 28 janvier 1871, amis et ennemis, que plus d'un parmi eux aura dû de revoir son pays, sa famille; et c'est avec plaisir que j'ai saisi l'occasion qui m'est offerte ici de leur rendre hommage.

Vers midi, notre convoi, formé des voitures prises aux Prussiens et de celles réquisitionnées à Prauthoy, se mit en route pour Langres, escorté par les survivants du combat. A ces derniers étaient venus se joindre un certain nombre de volontaires de la deuxième brigade appartenant à cette catégorie de fuyards avisés, amateurs de gloire sans péril, qui, sans attendre la retraite des groupes conduits par le colonel, s'étaient éloignés du combat pour aller se faire héberger dans les villages voisins, et s'étaient ensuite empressés de revenir dès que tout danger avait eu disparu.

Il était facile de reconnaître les moins recommandables d'entre ceux-ci à leur jactance et aux airs triomphants qu'ils affectaient. Reposés et repus, ils marchaient allègrement à hauteur des voitures contenant nos prises et, de préférence, près du fourgon qui renfermait la caisse du régiment prussien, qu'ils auraient promptement eu pillée, n'eût été la vigilance de l'escorte.

A peine avions-nous fait deux kilomètres sur la route de Langres que, du haut du véhicule qui nous transportait, Louis Masson et moi, l'un des premiers en tête du convoi, nous vîmes arriver vers nous, à grande allure, une voiture contenant plusieurs hommes armés. C'étaient deux de nos malades, **Prunier et Martin**, qui, ayant appris, vers onze heures, qu'on se battait à Prauthoy, avaient fait toute diligence pour venir reprendre leur place parmi nous. Vivement contrariés de ce que tout fût terminé, ils continuèrent leur route quand même, se firent indiquer le chemin que les Prussiens avaient pris et s'y engagèrent résolument, dans l'espoir de les atteindre et de pouvoir leur envoyer quelques bons coups de fusil. C'étaient des tireurs émérites, capables même à longue portée de faire encore quelque mal à l'ennemi. Mais l'avance des Prussiens était trop considérable et nos amis durent rentrer à Langres dans la soirée, sans avoir rien vu. Ce fut très heureux sans aucun doute, car leur entreprise était plus que téméraire, et il y avait des chances pour qu'elle tournât contre eux.

Nous arrivâmes à Langres vers quatre heures. La foule qui nous attendait à l'entrée de la ville était considérable et très mêlée, comme toutes les foules. Il y avait, notamment aux premiers rangs, quelques braillards qui, nous prenant pour des Prussiens, nous accueillirent par une bordée d'injures grossières; et, pour faire cesser cette ignominie, il fallut que les moins atteints d'entre nous, se débarrassant des couvertures dont ils s'étaient affublés pour se garantir du froid, et joignant la parole au geste, leur montrassent que nous étions des Français et que, au surplus, pour s'adresser dans leur pensée aux blessés prussiens qu'amenaient seule-

ment les voitures suivantes, leur attitude n'en était
pas moins ignoble et méprisable.

Le convoi s'arrêta à la porte des Moulins, et c'est
à pied que les blessés qui pouvaient marcher se rendirent à l'ambulance.

Notre premier soin fut d'aller saluer M. Deniset,
chez qui nous avions trouvé un accueil si cordial à
notre arrivée à Langres, et le prier de vouloir bien
conserver les dépouilles prussiennes que nous rap-
portions avec nous (armes, équipement, casques)
jusqu'au moment où nous pourrions les faire
reprendre. Il y consentit avec son amabilité ordinaire et, après nous avoir adressé les paroles d'encouragement que son bon cœur lui dictait, il nous
engagea à nous rendre à l'ambulance du collège plutôt qu'à l'hôpital où la variole sévissait avec une
grande intensité. Le même avis nous fut donné en
chemin par un bourgeois obligeant, qui tint à nous
conduire lui-même jusqu'au collège, où nous fûmes
admis de suite, tandis que notre pauvre camarade
Tiphon, moins heureux, était conduit à l'hôpital,
d'où il ne devait plus sortir vivant.

Aux 41 blessés ramenés de Prauthoy ce jour-là,
15 autres viendront s'ajouter, du 29 au 31 janvier,
ce qui portera le nombre des blessés admis dans les
ambulances de Langres au total de 56, se décompo-
sant de la manière suivante : 15 militaires du 50ᵉ de
ligne, dont 1 sergent et 1 caporal ; 29 francs-tireurs
de la 2ᵉ brigade des Vosges, dont 2 sous-officiers, et

12 Allemands, dont 1 sergent-major et 1 sergent (1).

L'arrivée inopinée du premier convoi, dont la majeure partie est amenée au collège, détermine dans le personnel de l'ambulance une certaine effervescence. Les deux médecins civils qui font le service, les docteurs de Confaivront et Petit, mandés en hâte, arriveront quelques minutes après; et nous allons avoir bientôt sous les yeux, dans un cadre différent, les scènes déjà vues à la gare de Tours, après l'affaire de Beaugency, en décembre.

Nous avons été conduits, Masson et moi, dans l'un des dortoirs du pavillon de gauche, au second, avec une vingtaine de nos francs-tireurs. Dans la salle du dessous se trouvent les Prussiens, la plus grande partie des blessés du 50e et quelques-uns des nôtres.

Les blessés, assis ou étendus, suivant le siège ou la gravité de leurs blessures, attendent qu'on s'occupe d'eux, résignés, en silence, pendant que les infirmiers, civils et militaires, vont et viennent d'une salle à l'autre, apportent et disposent sur les tables et les lits les objets de pansement.

Les chirurgiens ont commencé par les plus gravement atteints et le tour de Masson est arrivé. Il est là, debout près du poêle, le torse nu, les mains

(1) V. annexes n°s 5, 6, 7.

appuyées sur le pied du lit qui se trouve devant lui. Le vieux docteur de Confaivront, accouru dans la tenue où on l'a trouvé chez lui, coiffé d'une calotte grecque et vêtu d'une ample robe de chambre sur laquelle il vient de passer son grand tablier blanc de chirurgien, a d'abord enlevé à larges coups d'éponge le sang desséché répandu sur le dos et la poitrine; et maintenant, il explore la plaie de sa longue sonde d'argent qui disparaît tout entière dans la blessure. Un moment, il a hoché la tête, puis, vivement, s'adressant au patient, il lui a dit : « Mon garçon, vous l'avez échappé belle. Quelques millimètres de plus, l'artère était touchée et alors... vous ne seriez pas là !... »

Pour moi, la chose a été rapide. A la tête, quelques coups de ciseaux ont eu promptement tracé une large tonsure autour de la blessure. La balle a glissé sur la boîte osseuse sans déterminer d'autres lésions qu'un sillon sanglant de quelques centimètres de longueur. Un lavage à l'eau tiède pour débarrasser la plaie de tout corps étranger; puis, un tampon d'eau phéniquée à renouveler de temps à autre, que fixe une longue bande de toile placée circulairement à hauteur du front et du sommet de la tête sous le menton, constitueront tout le traitement. Au genou, moins que rien. Une compresse d'eau phéniquée et quelques tours de bande en feront tous les frais. J'en serai quitte, en somme, à bon compte.

Quelques heures se sont écoulées. L'animation, les allées et venues du premier moment ont fait place au plus grand calme. Après les péripéties et les fatigues de la journée, une vive réaction s'est produite chez les blessés. L'impression de bien-être déterminée chez eux par le pansement et la douceur de la température qui règne dans la salle les ont incités au repos et, presque tous, ils dorment d'un sommeil profond. Il n'en sera pas toujours ainsi, malheureusement.

Nous voici maintenant au 7 février. Les salles du collège, animées, presque gaies les premiers jours, pendant cette période où les blessés souffrent peu et, suivant leurs dispositions individuelles, causent, rient et plaisantent, ont pris un aspect morne et attristé. La fièvre est venue et, aux bons mots du début, aux saillies qui, dans le premier moment, jaillissaient de la joie de vivre, a succédé ce silence d'hôpital que traversent seulement, de temps en temps, les divagations du délire et le cri ou la plainte arrachée à la souffrance.

Déjà, le 30 janvier, l'un des blessés prussiens est mort; un second a suivi, le 3 février; et dans la nuit du 5, c'est le pauvre Bitche qui a succombé à son tour, après une agonie de plusieurs heures, au cours de laquelle il a débité les choses les plus invraisemblables. Comme il était toujours resté jovial et facétieux malgré la gravité de sa blessure, beaucoup ont cru à quelque nouvelle plaisanterie

de sa part et, impatientés, ils lui ont crié de se taire
à plusieurs reprises. Il s'est tu, en effet, aux
approches de l'aube, mais pour toujours. Et notre
cœur s'était serré lorsque, quelques instants après,
au petit jour, les infirmiers aussitôt prévenus, étaient
venus enlever le corps de Bitche roulé dans ses
draps. La veille, l'excellent docteur Petit avait
tenté une dernière fois d'extraire la balle que le
malheureux avait reçue en plein dans l'œil gauche;
mais le projectile avait pénétré jusque dans la boîte
cranienne et toute intervention utile était devenue
impossible. Affecté de devoir abandonner à son sort
ce brave et sympathique garçon si ferme et si courageux contre la douleur, le chirurgien n'avait pu
réprimer un geste de regret en s'éloignant de lui.

Avec quelques militaires du 50ᵉ de ligne atteints
de dysenterie, une nouvelle catégorie de malades
sont venus occuper dans les derniers jours les lits
restés vides jusque-là. Inertes, comme stupéfiés, ils
répondent à peine, d'un air las, aux questions que
leur posent les camarades qui leur font visite. On
vient de percevoir les quelques sons qui se sont
péniblement échappés de leurs lèvres; on a tourné
la tête et ils n'y sont plus. Ce sont des mobilisés de
la Haute-Marne atteints du typhus. A plusieurs
reprises, l'attitude des corps dont ils dépendent
devant l'ennemi a été déplorable; le commandant
supérieur, après enquête, en a fait enfermer un certain nombre dans les casemates, pour l'exemple, et

ils en sortent dans cet état. Tous ceux que nous avons vu amener là, et combien! sont morts de la même façon, quelquefois le jour même.

Ce qui, dans ce milieu peu joyeux contribue à nous attrister encore, c'est l'absence de toute nouvelle de nos familles. Depuis plus d'un mois aucune correspondance ne nous est parvenue, et nous nous sentons comme séparés du reste du monde. Pendant nos marches, emportés dans le mouvement, contraints par les circonstances à nous préoccuper surtout de nous-mêmes, la chose nous touchait peu ; mais maintenant que nous voilà réduits à l'immobilité, seuls avec nos pensées, la privation est pénible.

Nos amis sont bien tous venus nous voir, chaque jour, dès le lendemain de Prauthoy ; mais le commandant supérieur a assigné Neuilly-l'Évêque comme cantonnement aux troupes de la brigade, et le 31 janvier, à 3 heures du soir, ils ont quitté Langres. Nous ne les avons plus revus depuis. Les ordres de la place sont formels ; défense absolue est faite aux troupes de s'éloigner de leurs cantonnements, et c'est à grand'peine que les officiers eux-mêmes obtiennent une permission.

Depuis quelques jours déjà, des bruits inquiétants circulent en ville. On parle d'un armistice, de la capitulation de Paris, du passage de l'armée de l'Est en Suisse. Toutes ces choses ne sont que trop certaines ; mais elles n'ont encore rencontré aucun

crédit, les Prussiens, à plusieurs reprises, ayant
déjà lancé des nouvelles semblables dans l'unique
objet d'énerver la défense. Cependant, les faits se
précisent chaque jour davantage et la réalité en est
bientôt établie. Les journaux de Langres, en effet,
nous apportent le texte de la convention signée à
Versailles le 28 janvier, et aux termes de laquelle
un armistice général a commencé pour Paris le jour
même et, pour les départements, dans les trois jours
qui ont suivi. La durée de la suspension d'armes,
fixée à vingt et un jours, prendra fin le 19 février.

L'article 2 dispose que l'armistice a pour but de
permettre au gouvernement de la Défense nationale de convoquer une Assemblée librement élue
qui se prononcera sur la question de savoir si la
guerre doit être continuée ou à quelles conditions
la paix doit être faite. L'Assemblée se réunira à
Bordeaux.

Aux termes de l'article 3 de la convention, remise
immédiate a dû être faite aux Allemands de tous
les forts formant le périmètre de la défense de
Paris. L'article 7 dit que *tous les corps francs seront dissous par une ordonnance du gouvernement
français.*

Les journaux nous révèlent aussi qu'une lacune
dans la transmission en province des conditions
exactes de l'armistice a donné lieu aux malentendus
les plus regrettables, les plus préjudiciables aux
intérêts du pays. L'article premier débute bien par

les mots « un armistice général... », mais le dernier alinéa du même article, oublié par M. Jules Favre dans le résumé télégraphique qu'il a envoyé à la délégation de Bordeaux, apporte à ces mots la grave restriction que « les opérations militaires sur le terrain des départements du Doubs, du Jura et de la Côte-d'Or se continueront, jusqu'au moment où on se sera mis d'accord sur la ligne de démarcation dont le tracé à travers les trois départements mentionnés a été réservé à une entente ultérieure ». Et il en est résulté que toutes les troupes françaises, sans exception, se sont immobilisées aussitôt dans leurs positions ; tandis que les Allemands, mieux informés, ont poursuivi l'exécution de leurs mouvements dans les départements visés, malgré les protestations de nos chefs militaires. L'erreur a eu des conséquences on ne peut plus graves.

Les mêmes feuilles enfin, reproduisent une série de décrets rendus à la date du 31 janvier par le gouvernement de Bordeaux, comme conséquence de la convention du 28. Le premier de ces décrets fixe au 8 février l'élection de l'Assemblée nationale. Le second exclut de la représentation nationale les anciens ministres, sénateurs, conseillers d'État et préfets de l'Empire, de même que toutes les personnes qui sous le même gouvernement ont accepté la candidature officielle. Le troisième décret organise les élections, ordonne la confection par les maires des listes électorales et précise les conditions et le lieu du vote, qui doit avoir lieu au chef-lieu de canton. Le scrutin sera secret. Le nombre total des représentants est fixé à 759, non compris les colonies. L'article 15 exclut de l'éligibilité les membres des familles ayant régné sur la France depuis 1789. L'article 18 dispose que « sous les drapeaux, dans les armées ou dans les camps, les soldats, les mobiles, les mobilisés, les marins, tous ont le droit de voter... ».

L'ensemble de ces nouvelles ne nous dit rien qui vaille, et un sentiment secret nous porte à penser que tout va finir bientôt.

Dans l'après-midi du même jour, nous recevons la visite de Lebois, notre sergent-major. Il nous apporte de bonnes nouvelles de nos camarades présents au cantonnement. De W..., hospitalisé au petit séminaire, va bien et compte pouvoir obtenir son exeat bientôt. Quant à Tiphon, son état est assez inquiétant, sa blessure le fait beaucoup souffrir; une fièvre violente s'est emparée de lui, et il n'est question de rien moins que de lui couper la cuisse. Ce dernier avis nous attriste. Tiphon s'est rendu sympathique à tous par sa belle tenue au feu, et nous serions aux regrets que des complications vinssent s'opposer à sa guérison complète.

Lebois, qui a quelques courses à faire à Langres, nous quitte un moment et nous laisse à lire deux ordres dictés le matin même au rapport.

Par le premier, le colonel Lobbia informe sa troupe qu'il vient de recevoir communication officielle de l'armistice. Il ajoute qu'on devra profiter de la suspension d'armes « pour perfectionner les miliciens de la brigade dans l'instruction militaire et dans la discipline, et il compte pour cela sur l'activité et l'intelligence des chefs de corps ». Le document se termine par quelques promotions, qui ont pour résultat de porter à huit le nombre des officiers supérieurs de la brigade.

Le second ordre émane du commandant supérieur de la place. Le général Meyère, après avoir rappelé les dispositions légales relatives au vote des armées en campagne et en exécution des décrets du 31 janvier, invite chaque chef de corps ou de service à dresser immédiatement les listes électorales et à désigner le président du bureau électoral. Il indique ensuite, pour chaque détachement le lieu du vote, Neuilly-l'Évêque pour les troupes de la deuxième brigade.

Nous voilà donc en pleine période électorale, et dans quelles conditions ! Bientôt, les candidatures vont surgir et seront le prétexte nouveau qui viendra envenimer les polémiques quotidiennes de la presse. A Langres même, l'un des derniers remparts du pays, dans cette ville qui est appelée à subir toutes les rigueurs d'un siège long et pénible, si la lutte reprend après l'armistice, la politique va prévaloir sur toutes les autres préoccupations du moment, et nous assisterons pendant quelques jours au débordement des reproches acrimonieux et violents qu'échangeront entre eux les adversaires en présence. Les uns reprocheront aux autres d'être les partisans du désordre et de l'anarchie, les suppôts d'un gouvernement sans droits ni légalité ; et ceux-ci riposteront en accusant les premiers de vouloir l'avilissement du pays devant l'étranger, dont ils sont les candidats. L'agitation s'étendra aux milieux militaires et, dans la deuxième brigade des Vosges notamment, elle atteindra au plus haut degré d'acuité.

Dans l'état d'esprit où nous nous trouvons, nous autres, à l'ambulance, déprimés par le repos forcé et par les réactions de toute nature qui se sont produites en nous, nous sommes plutôt mal impressionnés par cette campagne. Les violences échangées, les exagérations auxquelles conduit l'esprit de parti d'un côté comme de l'autre, les attaques qu'une partie de la presse dirige contre nous-mêmes, en prenant comme prétexte la présence de Garibaldi à la tête de l'armée dont nous dépendons, attaques sans atténuation, sans distinction ni réserve, qui nous englobent tous, les mauvais et les bons, dans les mêmes appréciations outrageantes, tout cela nous affecte, et c'est à partir de ce moment que nous sentons le découragement poindre en nous. Sans nous l'avouer, nous nous surprenons parfois à souhaiter que la situation prenne promptement fin. Aussi apprenons-nous avec un plaisir non dissimulé, dans la soirée du 14, que, à la faveur de l'armistice, des congés de convalescence seront accordés à tous les blessés en état de partir qui en feront la demande.

Au cours de la dernière semaine, l'ambulance a repris peu à peu son aspect des premiers jours. A part le petit nombre d'entre eux que la gravité exceptionnelle de leurs blessures maintient encore dans un état de dépression plus ou moins marqué, les blessés marchent vers la guérison. Ils se sont ressaisis; avec leurs forces physiques ils sentent revenir cette liberté d'esprit qui est l'apanage de la santé et se reprennent à la joie de vivre.

Depuis deux jours, nous avons l'autorisation de sortir pendant quelques heures, et, dans l'après-midi de cette journée du 14, nous nous sommes risqués à faire en entier le tour des remparts de la ville, en compagnie de notre camarade de W..., qui, presque guéri, est sur le point de pouvoir rejoindre les nôtres. Nous avons voulu faire visite à Tiphon, mais l'interne de service à l'hôpital nous en a dissuadés, en raison de l'état dans lequel se trouve notre malheureux camarade. Non seulement sa blessure va mal, mais il vient d'être atteint de la variole, qui sévit dans l'établissement.

Il fait toujours froid, mais quelque chose dans l'air semble annoncer la fin prochaine de l'hiver. La neige commence à fondre, et le sol, dissimulé depuis trois mois sous l'épaisse couche qui le recouvre, se montre maintenant par endroits.

La campagne qui environne Langres est belle et pittoresque. Bâtie au bord de l'un des accidents principaux du plateau élevé auquel elle donne son nom, la vieille cité des Lingons est entourée aux trois quarts par une succession de vallées profondes. Çà et là sont semés de charmants hameaux dont les toits rouges redoublent d'éclat sous les rayons du soleil, qui brille dans un ciel absolument pur. Au loin, la vue est bornée par des collines aux formes irrégulières, jetées partout comme au hasard. Parmi les arbres qui croissent et dressent leurs silhouettes dépouillées sur ces mamelons, le regard découvre aussi, éparses, des maisons placées là comme les sentinelles avancées des ouvrages qui couronnent les points les plus élevés et se détachent en notes sombres sur l'horizon. Ici, devant nous, tout au fond de la vallée, la station apparaît entre deux monts, et la voie ferrée s'élance à droite et à gauche, coupant de ses lignes régulières cette nature inégale. Avec des accidents plus amples et plus heurtés, des différences de niveau beaucoup plus considérables, c'est un peu notre vieille Saintonge que nous avons sous les yeux, et nous en sommes tout émus.

Rentrés à l'ambulance à la chute du jour, très las, mais vivifiés par l'air pur que nous venons de respirer pendant plusieurs heures, nous n'en sommes que plus désagréablement impressionnés par la forte odeur d'acide phénique qui remplit l'établissement et saisit le visiteur dès les premiers pas. Dans notre salle, l'animation est à son comble. Les voix s'entre-croisent sur tous les tons, et nous demandons ce qui peut bien déterminer une pareille effervescence dans ce milieu d'ordinaire calme. Nous en avons aussitôt l'explication par l'interne, le jeune et excellent M. Vigeonnel, qui se tient là avec un secrétaire et prend les noms de ceux qui désirent des congés de convalescence. Nous le prions de nous faire inscrire.

Les jours maintenant vont nous paraître longs, car ce sera le 22 seulement que nous sera remis, avec notre feuille de route, le congé en règle qui va nous permettre de rentrer dans nos familles.

Nos amis, déjà prévenus de l'éventualité de notre départ, nous ont écrit de Chalindrey, où se trouve maintenant la brigade, pour nous exprimer le regret de ne pouvoir venir nous serrer la main et nous charger de leurs commissions pour le pays. Dans l'après-midi, cependant, nous avons reçu la visite de l'un des nôtres, venu pour prendre nos armes et nos cartouches et porteur d'une affectueuse lettre de notre sous-lieutenant. Retenu lui-même au cantonnement par la rigueur de la consigne, il nous annonce par cette missive la remise d'un peu d'argent; mais, par suite de je ne sais quel malentendu, nous devrons nous mettre en route avec les seuls subsides de l'intendance.

Quelques jours plus tard, nous aurions eu notre part des sommes qui nous viennent de Jonzac, et que, dans le moment même, nous apportent MM. Bonnemaison et Rullier, délégués du Comité qui nous les envoie. La malechance ira jusqu'à faire que nous nous croisions en route avec ces sympathiques messagers sans nous rencontrer.

Un peu moins de dix francs par tête, pour aller jusqu'à Nevers, où nous toucherons seulement de nouveaux subsides, c'est peut-être suffisant en temps ordinaire, alors que les communications par le chemin de fer, rapides, sont assurées. Eu égard aux conditions dans lesquelles nous allons accomplir notre voyage, c'est un maigre viatique, et la moitié du chemin ne sera pas accomplie que, déjà, nous aurons vu le bout de nos ressources. Mais le détail ne nous arrête pas, et c'est avec allégresse que nous vaquons aux préparatifs de notre départ, fixé au lendemain.

Dans la soirée, nous prenons congé de nos compagnons de misère et du personnel de l'ambulance. Nous avons exprimé notre gratitude, dès la matinée, au docteur Petit, pour les soins et les bontés qu'il n'a cessé de nous prodiguer. Nous remercions également l'interne, M. Vigeonnel, charmant jeune homme, plein de dévouement, à qui nos mauvaises têtes ont causé parfois quelques tracas et, dans notre joie, oubliant nos plus justes griefs, nous allons jusqu'à nous montrer aimables à l'égard de l'infirmier chef, un sieur E..., espèce de Quasimodo intolérant et tyrannique, qui avait fini par s'attirer les malédictions de tous les pensionnaires. S'il avait dû recevoir toutes les corrections qui lui ont été promises, après leur guérison, par les malheureux qu'il a tourmentés, il y aurait assurément laissé sa vie.

Disgracié physiquement, c'était au moral une nature plus que mauvaise, monstrueuse. Tout pour lui devenait l'occasion, le prétexte dont il s'emparait pour torturer quelqu'un. Les plus dignes de pitié n'étaient pas à l'abri de ses méchancetés incessantes ; car rien ne l'arrêtait, ni la souffrance, ni l'imminence de la mort même. Quand sa grosse tête frisée et tourmentée apparaissait à l'entrée des salles, c'était Méduse en personne qui entrait. Et avec cela, rampant devant l'autorité, à laquelle il donnait ainsi le change et qui le considérait comme un serviteur de choix.

Un jour cependant, vers le 10 février, encore fiévreux et débiles, après une scène d'une extrême violence au cours de laquelle Masson, indigné, l'avait menacé de le jeter par la fenêtre à l'aide du seul bras valide qui lui restât, nous avions résolu de quitter l'ambulance pour rejoindre nos camarades à Chalindrey. Nous étions déjà dans la cour et sur le point de gagner la rue ; mais l'interne, prévenu, avait de la fenêtre jeté l'ordre au poste de police de nous empêcher de sortir, et le factionnaire, un brave mobile du Gard, avait croisé la baïonnette sur nous. Dans l'état d'exaspération où nous étions, nous aurions passé outre, lorsque, fort heureusement, était survenu l'administrateur de l'ambulance, un excellent homme, qui nous avait calmés et invités doucement à lui exposer les motifs de notre irritation. Une enquête immédiatement faite dans les salles avait confirmé, en les aggravant, tous nos dires, et l'infirmier malfaisant, sérieusement tancé et se le tenant pour dit, s'était montré plus humain par la suite vis-à-vis de tout le monde.

Nous voici enfin arrivés au moment du départ. Dans la matinée, avant de nous rendre chez l'excellent M. Denizet, qui a tenu à ce que nous prenions chez lui, en famille, notre dernier repas, nous nous sommes dirigés vers l'hôpital, pour voir notre malheureux camarade Tiphon. Les nouvelles que nous avons reçues de lui dans les derniers jours sont de moins en moins rassurantes. Au moment de pénétrer dans l'établissement, alors que jusque-là je n'avais songé à rien, je me suis senti pris tout à coup d'un pressentiment sinistre. Malgré les objurgations, les représentations violentes même que m'a adressées Masson qui, à bon escient, m'a reproché ma couardise, je suis resté là cloué à l'entrée, sans pouvoir en franchir le seuil, comme retenu par une force invincible. Je n'ai jamais pu me rendre compte depuis de ce qui s'est alors passé en moi. Masson, indigné, s'est rendu seul' près de notre pauvre compagnon et en est revenu tout bouleversé. Tiphon n'a plus figure humaine. Son corps entier n'est qu'une masse informe, une croûte, sous laquelle le visage lui-même a disparu. La gangrène, de plus, a envahi la jambe blessée, et tout espoir de sauver le malheureux doit être écarté. Il ira quand même ainsi jusqu'au 14 mars, date à laquelle les archives de l'hôpital relatent son décès.

CHAPITRE XII

En route pour le pays natal. — Nouveaux pillages des Allemands à Prauthoy. — Aubigny et Vaux. — Premier contact avec les Prussiens pendant l'armistice. — Tilchâtel et Echevannes. — De Dijon à Chagny. — Etang-sur-Arroux. — Graves embarras financiers. — Le retour. — Epilogue.

Nous avons quitté Langres le 23 février 1871, à midi et demi, par la route de Dijon, en compagnie de quatre autres blessés ou malades renvoyés en congé comme nous. Ainsi que je l'ai indiqué plus haut, nous nous rendons à Nevers par Dijon, Nuits, Beaune et Chagny. Le temps est beau; la neige a partout disparu; nous nous sentons légers et marchons à l'allure franche de gens vigoureux. Mais ce premier effort, inconsidérément fourni, est trop violent et, dès le lendemain, nous devrons en rabattre. En passant dans la citadelle, que la route traverse, nous sommes salués amicalement par des militaires du 50e, qui s'emploient à blinder la partie supérieure des bâtiments, en prévision d'un bombardement prochain, au moyen de grosses poutres de bois au-dessus desquelles des couches épaisses de terre sont étendues.

A mille mètres de Prauthoy environ, nous sommes interpellés par un brave habitant de l'endroit qui, dissimulé ainsi que ses bêtes au fond d'un vallon étroit, fait paître là un nombreux troupeau de moutons et de bœufs. Il nous apprend que les Prussiens sont revenus en nombre à Prauthoy, dans la matinée, pour y exercer des réquisitions et que, fort heureusement prévenu à temps de leur arrivée, il a pu, sans être vu, faire filer ses animaux et les conduire où nous les voyons. Il ne rentrera que lorsque les siens seront venus l'informer du départ de la troupe ennemie, et il nous engage nous-mêmes à attendre. Mais, forts des papiers en règle dont nous sommes porteurs, nous poursuivons notre chemin, et nous arrivons en vue des premières maisons du village au moment même où la colonne prussienne disparaît, à droite, par la route de Châtillon.

L'agitation est grande dans Prauthoy. Les habitants, tous hors des maisons, forment des groupes animés dans la rue principale et échangent leurs doléances. Des femmes pleurent, se lamentent et maudissent les pillards. Malgré l'armistice, les Prussiens sont revenus encore une fois dans ce malheureux pays, pour le punir, disent-ils. Ils ont réclamé une forte contribution en bétail, en avoine, paille, fourrages et autres produits, et ont apporté en même temps la liste des contributions en argent qu'ils exigent de toutes les communes du canton. Mais le village est épuisé ; les autorités municipales

sont absentes, ou peu écoutées ; la contribution en
nature n'a pu être fournie dans le délai ridicule-
ment court que l'ennemi a fixé, et les Allemands
ont pillé à deux reprises, allant jusqu'à prendre
dans la poche des gens. Un châtelain des environs,
M. de S..., qui s'est trouvé par hasard à Prauthoy
pendant le pillage, y a laissé sa montre.

Un peloton de cavalerie accompagnait la colonne
prussienne. Le sous-officier qui le commandait,
véritable brute, est le même qui, par deux fois
déjà, est venu dans le village avec les détachements précédents et s'y est signalé par l'odieux et
l'insanité de sa conduite. Cette fois, au presbytère,
et sans l'ombre d'un prétexte, il a tué, d'un coup
de sabre, le chien du curé, M. Prignot, pendant
que l'animal dormait couché aux pieds de son
vieux maître.

Le jour tombe rapidement, et nous passerions
volontiers la nuit à Prauthoy, où se trouvent encore
presque tous nos blessés ; mais le village est bouleversé, et nous ne voulons pas ajouter encore, aussi
peu que ce soit, aux charges déjà subies sous tant
de formes par ses malheureux habitants. Nous
tenons aussi à faire le plus de chemin possible.
nous nous disposons donc à poursuivre notre route
jusqu'à Vaux-sous-Aubigny, à deux kilomètres plus
loin, lorsqu'on nous informe que les Prussiens, qui
occupent le pays, ont tué la veille au soir une femme
âgée, la veuve Dragon. La pauvre vieille, qui était

sourde, n'a pas entendu les *Wer da!* répétés de
la sentinelle allemande, et celle-ci l'a étendue
raide morte d'une balle en plein corps. Le commandant prussien s'est conduit avec correction,
paraît-il, dans cette circonstance; il a présenté lui-
même ses regrets à la famille de la victime et lui a
remis une indemnité pécuniaire. Seulement, pour
éviter le retour d'un malheur semblable, il a pres-
crit aux habitants de ne plus sortir sans lanterne
dès que la nuit sera venue, les factionnaires ayant
l'ordre de ne plus tirer sur les personnes qui en
seront munies.

Nous jugeons dès lors imprudent de pousser
jusqu'à Vaux, où nous ne pourrions arriver qu'après
la chute du jour, et nous préférons aller coucher à
Aubigny.

Au moment de partir, nous venons d'apprendre
par l'un des blessés du 28 janvier que nous sommes
allés voir, que la famille du lieutenant prussien de
Zitzewitz, décédé à Prauthoy le lendemain du
combat, est venue chercher le corps quelques jours
auparavant. En partant, elle a remis au maire,
pour être distribuée par parts égales aux blessés
français et allemands soignés dans le village, une
somme assez ronde.

Aubigny, tout petit village de 150 habitants que
nous avons déjà traversé pendant notre marche sur
Prauthoy dans la nuit du 27 au 28 janvier, est perché, à gauche de la route nationale, sur l'un des

coteaux élevés au pied desquels le village plus important de Vaux est assis. Nous y sommes arrivés à six heures, et le maire, avec beaucoup d'obligeance, nous a placés de suite, deux par deux, chez des habitants de ses amis.

Nous avons été envoyés, Masson et moi, chez les époux Riandet, deux bons vieux d'une soixantaine d'années, qui nous reçoivent avec la simplicité campagnarde, visiblement de bon cœur, mais avec une gravité triste qui nous frappe. Le mari, dans les premières années du règne de Louis-Philippe, a servi dans l'infanterie légère; il a pris part à la campagne de Belgique et, pendant le souper, s'animant peu à peu, il nous conte toutes les péripéties du siège d'Anvers, avec cette abondance chère aux vieux soldats. La femme, elle, nous donne l'explication de la tristesse que nous avons lue sur leurs visages, en entrant, malgré leur accueil cordial. L'un de leurs enfants, Jean-Charles, servait à l'armée du Rhin, dans les lanciers de la garde, et, pris à Metz avec toute l'armée, il est maintenant interné en Prusse, tout au fond de la Silésie. Sans nouvelles de lui depuis longtemps, ils sont inquiets et se demandent si seulement il pourra revenir de si loin. Il reviendra, et les pauvres vieux auront la joie de le voir leur survivre. Mais, malade et profondément atteint par les souffrances et les privations endurées, il traînera pendant un certain nombre d'années, comme tant d'autres, les apparences trompeuses d'une santé incertaine pour mourir relativement jeune encore. Et lorsque, plus tard, je traverserai de nouveau ces contrées pour chercher les traces des choses que nous y avons vécues et des braves gens que nous y avons rencontrés, je ne retrouverai plus que sa veuve et les deux pauvres enfants qu'il lui a laissés.

Le lendemain 24, un peu avant l'aube, nous quittions Aubigny, et nous nous engagions dans le chemin encaissé et rapide qui descend à Vaux. Nous étions sans vigueur et sans forces, Masson surtout, dont la blessure s'était rouverte pendant la nuit et qui avait perdu beaucoup de sang. Nous avions marché trop rapidement la veille, et nous sentions, dès les premiers pas, qu'il nous serait impossible de fournir une carrière égale dans la journée qui commençait.

Quelques minutes se sont écoulées, le jour point à peine et, étant venus nous heurter sans le savoir aux avant-postes prussiens, ce n'est pas sans une pointe d'émotion que nous voyons tout à coup la silhouette d'une sentinelle ennemie se dresser à quelques pas devant nous, dans le brouillard. Nos laissez-passer sont en règle, sans aucun doute ; l'armistice, qui devait prendre fin le 19, a été prolongé jusqu'au 25 et nous sommes ainsi dans les délais. Malgré tout, ce premier contact avec des gens qui fusillaient encore nos prisonniers quelques semaines auparavant n'a pas lieu sans nous causer une im-

pression désagréable, à laquelle, du reste, tout se
bornera pour nous. Car la traversée de Vaux s'ef-
fectuera sans incident, et c'est en toute quié-
tude, désormais, que nous allons poursuivre notre
route au milieu des Prussiens qui couvrent le pays,
trente lieues durant, jusqu'aux abords de Chagny.

A Orville, le premier village que nous rencontrons
dans la Côte-d'Or, nous arrivons fourbus. Nous nous
reconnaissons incapables d'accomplir à pied, dans
les vingt-quatre heures qui nous restent, les deux
formidables étapes qui doivent nous mener hors des
lignes allemandes avant l'expiration de l'armistice,
et nous prenons la résolution d'attendre à Orville
la diligence de Langres à Dijon qui passera à midi.
Nos compagnons de route nous quittent alors et
poursuivent leur chemin.

Pendant que nous attendons devant la première
maison du village, où nous nous sommes arrêtés,
une patrouille de cavalerie passe au pas, dans la direction du nord. Les cavaliers, des uhlans, nous sa-
luent ironiquement en disant : « Capout! francs-
tireurs! capout! » La diligence apparaît enfin ; elle
arrive au grand trot de ses chevaux et s'avance dans
un nuage de poussière, au son joyeux des grelots.
Mais elle est archibondée et continue sa route sans
s'arrêter. De l'intérieur partent quelques interjections amicales à notre adresse. Nous reconnaissons
quelques-uns de nos camarades des plus sérieusement atteints de l'ambulance du collège. Nous n'au-

rions jamais cru qu'ils fussent en état d'affronter le voyage. Mais à la pensée de se rapprocher des leurs, ils ont tout oublié et ils sont partis quand même, armés de coussins et de béquilles.

Le temps est encore plus beau que la veille. Une douce tiédeur remplit l'atmosphère. C'est bien le renouveau cette fois, et les habitants du pays, longtemps retenus chez eux par les hostilités et la dureté de l'hiver qui finit, se sont empressés de courir à leurs champs délaissés durant tant de longs mois. Tout le village est dehors, bêtes et gens ; et, après avoir inutilement tenté de nous procurer une voiture à Orville, nous avons dû nous résoudre à pousser à pied jusqu'à Tilchâtel, à cinq kilomètres plus loin. Le lendemain matin, nous pourrons en repartir pour Dijon, par la diligence de Selongey qui y passe à sept heures.

Mille hommes du 60ᵉ régiment saxon occupent Tilchâtel. Aucune maison n'est libre, et un intendant prussien, qui se trouve à la mairie au moment où nous y arrivons, nous déclare que si nous voulons coucher dans le village, force nous sera de partager le logement d'un groupe quelconque de soldats allemands ; à moins que nous ne préférions passer la nuit à la mairie même, **dans** un local délaissé, où nous trouverons un peu de paille fraîche. Nous acceptons cette dernière combinaison.

Nous sommes entrés pour nous reposer un peu dans l'auberge qui se trouve presque en **face**, à l'angle des routes de Dijon et de Lux. Des soldats saxons emplissent la salle et devisent joyeusement en vidant force bouteilles. L'un d'eux s'est approché de nous ; malgré nos refus réitérés, il a fait apporter de la bière et insiste poliment, en nous appelant « camarades », pour que nous en buvions quelques verres avec lui. Nous finissons par céder. Le Saxon essaie de nous faire comprendre que la guerre est finie, que la paix ne peut manquer d'être signée bientôt ; et c'est ce qui détermine la joie de ses camarades.

Cuisinier de son état, il est ordonnance du commandant de son bataillon, et il a entendu ses chefs exprimer cette opinion le matin, en déjeunant. Puis s'animant, il nous raconte dans un charabia extraordinaire, mais dont nous parvenons quand même à saisir le sens, qu'il y a une grande différence entre les Saxons et les Prussiens. Les premiers n'aiment guère les seconds et, personnellement, il a servi contre eux, en 1866, pendant la campagne de Bohême, avec les contingents de son pays.

Pendant que la conversation se poursuit aux dépens des Prussiens, survient un brave paysan des environs. Il nous demande ce que nous faisons au milieu de ces gens-là ; et, renseigné, il nous invite à venir passer la nuit chez lui, à Echevannes, petit village situé à deux kilomètres de là, au confluent de l'Ignon et de la Tille, et où il n'y a pas d'Allemands. Notre hôte se nomme Mathoret.

Peu fortuné, chargé de famille, — sa jeune femme allaitait alors son quatrième enfant, — Mathoret nous donna l'hospitalité la plus large, sans vouloir accepter de nous la moindre rémunération. Et nous n'oublierons jamais l'accueil plein de cœur que nous avons trouvé chez ce bon Français.

Dans ces derniers temps, j'ai eu le vif plaisir de me retrouver un instant sous le toit de ces braves gens. Le temps n'avait rien changé aux choses elles-mêmes; mais la mort avait aussi passé par là. La femme restait seule avec les enfants. Quant au pauvre Mathoret, il avait, lui, quitté la vie depuis un certain temps déjà. Le lendemain, bien reposés, nous sommes partis d'Echevannes au petit jour; et, après avoir erré un moment, par suite du brouillard, dans les houblonnières qui entourent le pays, nous avons pu regagner Tilchâtel assez tôt pour prendre le courrier de Dijon.

La capitale de la Bourgogne regorge d'ennemis. Dans la rue, parmi les nombreux Allemands que nous devons coudoyer, nous remarquons des soldats du 61e poméranien, des adversaires de Prauthoy peut-être.

La diligence repartira pour Chagny à deux heures de l'après-midi. Nous retenons nos places d'avance et, mettant à profit les quelques heures dont nous pouvons disposer, nous allons faire renouveler notre pansement à l'ambulance française la plus rapprochée, que tiennent les frères de la Doctrine chrétienne. Les salles, vastes, aérées, d'une propreté irréprochable, abritent une faible partie des blessés des 21, 22 et 23 janvier. La plupart sont en bonne voie de guérison. Au nombre des figures intéressantes, de celles qui sollicitent plus fortement l'attention par leur relief ou toute autre particularité, se trouve un jeune volontaire de seize ans, au visage de fille, qui a eu les deux jambes brisées et un bras traversé par la même décharge. En face, un vieil Italien à la face brune couturée, énergique, et qu'on vient d'amputer d'un bras quelques jours auparavant, fume sa pipe, impassible.

Quand nous voulons quitter l'établissement, le factionnaire qui monte la garde à l'entrée, un chasseur de la Baltique, s'y oppose et croise la baïonnette sur nous. Sa consigne ne lui interdit pas de laisser entrer, mais elle lui défend de laisser sortir, et nous avons beau lui faire expliquer, par une personne obligeante du voisinage qui sait l'allemand, que nous sommes des blessés de passage et non des pensionnaires de l'ambulance, il n'en démord pas. Nous n'avons plus que la ressource de passer, à l'aide d'une échelle, dans la maison voisine, d'où nous sortons au nez du Prussien, qui nous laisse alors filer sans broncher. Sa consigne, qui s'appliquait aux lieux et non aux personnes, était observée.

Mais le temps a marché pendant l'incident, et nous arrivons tout juste au moment où, après nous avoir attendus quelques instants, la diligence va partir sans nous.

Nous sommes juchés sur l'impériale, bien en évidence. A la sortie de la ville, le factionnaire du dernier poste fait arrêter notre véhicule. Le sous-officier de garde, un jeune blondinet imberbe, qui sait quelques mots de français et a sans doute voulu se ménager l'occasion de les placer, émet la prétention de nous faire descendre et de nous empêcher de continuer notre route, sous le prétexte que l'armistice a pris fin. Nous lui montrons nos papiers et, en termes un peu vifs, nous lui déclarons qu'une question de cette gravité ne peut pas être laissée à l'appréciation d'un personnage de son importance ; que, s'il a des ordres positifs, nous allons y déférer ; mais s'il prend simplement la chose sous son bonnet, nous en ferons notre affaire. Le trop zélé sous-officier n'insiste pas. Le postillon fait joyeusement claquer son fouet, pousse ses chevaux et, vigoureusement entraînée, la lourde patache reprend sa course un moment interrompue. Ce sera à peu près l'unique incident de la route, et nous allons maintenant pouvoir poursuivre notre voyage en paix jusqu'à Chagny, en Saône-et-Loire, où nous arriverons assez tard dans la soirée.

Ce qui nous surprend au fur et à mesure que nous avançons, c'est la quantité de troupes que les Allemands ont jetées dans ce pays. Ils ont des détachements partout, dans les moindres villages que traverse la route, et dans les villes, à Nuits et à Beaune, ils grouillent littéralement.

Aux approches de Nuits, le conducteur nous ayant priés, pour franchir une côte, d'aller un moment à pied, nous avions devancé la diligence, Masson et moi, de deux ou trois cents mètres.

Au loin, nous vîmes venir à nous un véhicule d'assez grandes dimensions et qu'entraînait, à une vive allure, un attelage puissant. C'était un break, qui ramenait de la chasse un groupe d'officiers prussiens d'un certain âge. L'un d'eux, son fusil entre les jambes, jugea bon, au moment où l'attelage nous dépassait, de nous crier : « Ah ! ah ! voilà de ces fameux garibaldiens ! » Et tous de ricaner bruyamment. De la part de gens à qui nous ne pouvions répondre, la manifestation nous parut peu généreuse et peu digne.

Un peu avant d'arriver à Chagny, au *Halten !* d'un factionnaire allemand, la diligence s'arrête. Le chef de poste, muni d'un falot, s'approche aussitôt ; il explore l'intérieur d'un coup d'œil et s'éloigne en nous jetant ces mots, d'un air aimable : « Ici, derniers Prussiens ! » C'est en effet le dernier poste ennemi dans cette direction, et nous nous sentons dès lors la poitrine comme débarrassée d'un poids lourd.

Après avoir attendu en gare de Chagny jusqu'à une heure avancée de la nuit, nous avons pris le train qui, au jour, nous déposera à Étang-sur-Arroux. Nos faibles ressources sont complètement épuisées, et il nous a été impossible de prendre nos billets pour un point plus éloigné.

A Étang, nous essaierons inutilement d'obtenir du maire qu'il nous facilite le moyen de gagner Nevers. L'honorable magistrat municipal, se retranchant derrière l'avis qu'il dit avoir reçu du chemin de fer, refusera de nous délivrer la réquisition qui nous tirerait d'embarras; et tout ce qu'il pourra faire, ce sera de nous délivrer un billet de repos (?) pour le château voisin.

Vainement, nous offrirons en vente nos couvertures pour les quelques francs qui nous sont nécessaires. Sans plus de succès nous frapperons à plus d'une porte, où on refusera même de nous recevoir; et nous ne saurons à quel saint nous vouer, lorsque nous penserons à faire appel à la confiance de l'hôte chez qui fut logé le peloton de Jonzac, lors de notre premier passage à Étang.

M. Lh... de M... reçoit avec bonté, mais non sans défiance, Masson, mon aîné, qui a assumé la délicate mission de lui parler. Pris, plus d'une fois sans doute, aux fallacieux boniments de moins scrupuleux que nous, il se méprend sur le caractère de notre démarche; et, dès les premiers mots, il glisse vers mon ami une pièce de monnaie.

Avec beaucoup de dignité, Masson le prie de considérer que ce n'est pas l'aumône que nous lui demandons, mais un service, un prêt qui lui sera religieusement remboursé dès que nous serons de retour dans notre pays. Et il obtient aussitôt la somme dont nous avons besoin pour poursuivre notre route.

Désintéressé sans retard, M. Lh... de M... nous exprimera quelques jours après le regret de n'avoir pu discerner sur-le-champ à qui il avait eu affaire, s'appuyant pour s'excuser sur ce motif trop fondé que, par les temps de malheur que nous venions de traverser, les honnêtes gens, si souvent trompés, avaient été amenés à ériger la défiance en principe.

De son côté, s'étant ravisé, le maire d'Étang s'était décidé à nous délivrer la réquisition que nous lui avions demandée pour le chemin de fer, et nous faisait chercher dans le village pour nous la remettre.

De la sorte, nous pûmes arriver à Nevers en possession de la petite somme que nous avions empruntée. Ce fut pour nous une circonstance heureuse; car, reçu de la façon la plus inhospitalière à l'hôtel de ville, où l'on nous refusa tout billet de logement, nous eûmes ainsi le moyen de passer la nuit à l'abri, dans une petite auberge voisine de la gare...

Le lendemain, 27, ayant fait diligence pour obtenir nos nouveaux subsides de route, nous avons pu quitter Nevers dans l'après-midi. Mais c'est avec une extrême lenteur qu'on voyageait à cette époque de désorganisation générale, et nous n'arrivâmes à

Jonzac, après bien des vicissitudes encore, que le 2 mars, dans la matinée.

Nous étions affaiblis, on pourrait dire malades. Mais, dans les premiers moments, la joie de nous retrouver au milieu des nôtres et de nos amis effaça tout; et, pendant quelques jours, nous ne fûmes sensibles qu'au plaisir de vivre.

Nous voici arrivés à la fin de mars. La paix a été signée au commencement du mois, le jour même de notre retour.

Nos camarades, que nous avions laissés à Chalindrey, ont suivi le sort de la 2ᵉ brigade des Vosges, qui a été licenciée les 16 et 18, à Chalon-sur-Saône et à Mâcon. Tous, ils sont de retour au pays depuis quelques jours déjà. Et, après l'effusion des premiers instants, chacun a dû songer à reprendre le cours de son existence normale interrompu par les événements terribles qui viennent de se dérouler. Tout est fini.

Bien des années se sont écoulées depuis. La plupart des illusions et des espérances que caressaient alors nos jeunes cœurs de patriotes ont été brisées. Des ruines nombreuses se sont accumulées dans nos esprits déçus. Malgré tout, ceux d'entre nous qui survivent vibrent encore et éprouvent la réconfortante sensation du devoir accompli, au souvenir des peines et des périls subis en commun pour la patrie.

Les générations qui montent, trop vivement sollicitées par les préoccupations que créent de nos jours le développement abusif des besoins matériels et les luttes dissolvantes de la politique, se désintéressent peut-être plus qu'il ne conviendrait des enseignements d'une époque qui fut l'une des plus tristes de toute notre histoire nationale.

Souhaitons cependant, pour le pays, que ceux qui viennent après nous n'oublient pas complètement que nous avons succombé en 1870, non seulement parce que nos moyens militaires et matériels étaient insuffisants, mais aussi parce que la nation, troublée et divisée contre elle-même, n'a pas su réaliser cette union des cœurs et des volontés qui, seule, peut rendre un peuple invincible.

DOCUMENTS ANNEXES

ANNEXE N° 1

État nominatif des volontaires composant le corps des francs-tireurs de Jonzac à sa formation.

NOMS ET PRÉNOMS	DATE de NAISSANCE	GRADES	OBSERVATIONS
Laumain (Henri)....	25 nov. 1834	sous-lieut.	
Lebois (Théodore)...	14 janv. 1844	serg.-major	Blessé légèrement à Prauthoy, le 28 janvier 1871.
Bon (Louis).........	17 déc. 1837	sergent	
Bouchet (Théophile).	3 mai 1842	caporal-four.	
Martin (Célestin)....	5 juillet 1846	caporal	
Denis (Emile)	24 avril 1847	—	
Prunier (Alfred).....	13 oct. 1834	franc-tireur	
Tiphon (Jean)	16 déc. 1836	—	Blessé gravement à Prauthoy, mort à Langres le 16 mars.
Raboutet (Martin) ...	27 déc. 1836	—	
Simon (Louis).......	10 juin 1842	—	
Adolphe (Firmin)....	3 déc. 1843	—	
Giet (Edouard)......	17 nov. 1844	—	
Gauthier (Jean)	12 déc. 1844	—	Blessé légèrement à Prauthoy, le 28 janvier 1871.
Lagarde (Pierre)	6 mai 1846	—	Nommé caporal à la fin de la campagne.
Clouet (Pierre)......	15 juil. 1846	—	
Masson (Louis)	9 déc. 1846	—	Blessé gravement à Prauthoy, le 28 janvier 1871.
Buisson (François)...	26 déc. 1847	—	
Pâquereau (Jean)....	13 sept. 1848	—	A dû quitter le corps, fin décembre 1870. Mort dans ses foyers quelques semaines après.
Vigneau (Pierre)....	28 mars 1849	—	
Trochon (Paul)......	22 fév. 1853	—	Blessé à Prauthoy, le 28 janvier 1871.

ANNEXE N° 2

LEVÉE D'UN CADAVRE

L'an 1871, le **28** janvier, à une heure du soir, devant nous, maire de la commune de Cusey, s'est présenté M. Balland (Julien-Hippolyte), lequel nous a déclaré qu'un cadavre du sexe masculin gisait sur la glace, sur la Vingeanne, près du pont de Maroue, entre Dardenay et Cusey, territoire de Cusey; que l'individu trouvé paraissait avoir succombé sous les coups d'une attaque criminelle; qu'il était blessé à la gorge et à la poitrine.

Nous nous sommes immédiatement transporté sur le lieu indiqué accompagné de MM. Mettrier, curé, Viard (Jean) et de M. Guyonnet, médecin, demeurant à Cusey. Arrivé sur les lieux, nous avons trouvé en effet le corps d'un homme couché sur son dos, les pieds contre la rivière, la tête contre le talus, le corps *légère-ment incliné.* Nous avons remarqué *qu'il avait été fouillé, l'une de ses poches étant restée retournée.* On a trouvé sur lui une blague à tabac et un *porte-monnaie vide.* Il portait un costume militaire : pantalon gris, avec double bande rouge sur les coutures, veste grise avec brandebourgs rouges, toque rouge, ceinturon rouge à double tour, chaussé de fortes bottes renfermant le pantalon. Informations prises sur les lieux près des personnes accourues, M. Japiot (Emmanuel), demeurant à Cusey, placé à trois ou quatre cents mètres du pont de Maroue, a déclaré que des Prussiens avaient tiré quatre coups de feu sur un objet que le pont lui empêchait de distinguer : cet objet était ce militaire. Des gens de Dardenay faisant partie de la foule ont déclaré avoir vu ce militaire prisonnier entre les mains des Prussiens passant à Dardenay. Le jeune homme victime ne peut être qu'un prisonnier fait à Prauthoy ce matin, lequel a *été assassiné dans un endroit caché*. Nous l'avons immédiatement fait transporter chez le sieur Duchesne, habitant la maison commune, afin de procéder à l'examen du corps. M. Guyonnet a procédé à cet examen avec la plus scrupuleuse attention, et nous a déclaré que la mort était certaine et était occasionnée par des coups de feu tirés à bout portant. Nous avons fait des recherches sur l'individu trouvé, et aucune pièce ou papier ne s'est rencontré. Nous avons fait transporter le corps au cimetière dans un endroit particulier d'où il pourrait être retiré le cas échéant. Cet homme étant inconnu, nous avons rédigé le présent procès-verbal, nous réservant de dresser l'acte de décès si nous pouvions nous procurer les renseignements nécessaires.

Signé : JAPIOT, VIARD, AUGUSTE BALLAND, METTRIER.

RAPPORT DU MÉDECIN

Je, soussigné, docteur-médecin de la Faculté de Paris, certifie ce qui suit :

Aujourd'hui, samedi 28 janvier 1871, à une heure après-midi, appelé à constater la mort d'un militaire trouvé sur la route de Choilley à Cusey, et déposé à la maison commune, j'ai procédé à l'examen du cadavre, qui portait la marque fraîche de trois coups de feu : deux coups de feu à la poitrine, au-dessus des deux mamelons et sur une ligne parallèle, et le troisième à la gorge; ce dernier doit avoir été tiré à bout portant, car la poudre parsemait sa joue droite (celui-là doit être le coup de grâce). J'ai constaté la mort certaine, l'administration municipale se chargeant du détail d'habillement propre à faire reconnaître l'identité de l'individu.

En foi de quoi j'ai signé :

GUYONNET, Dr P. M.

Cusey, 28 janvier, deux heures après-midi.

ANNEXE Nº 3

SÉPULTURES DES MORTS DE PRAUTHOY

Quelques années après la guerre, et par les soins de la municipalité, les restes des Français tués à Prauthoy furent exhumés et déposés sous le monument où ils reposent aujourd'hui dans le cimetière communal.

Ce monument, dû à la piété patriotique des habitants de Prauthoy, se compose d'une large dalle sur laquelle s'élève une pyramide quadrangulaire de plusieurs mètres de haut dont le socle, entre autres inscriptions, porte la suivante sur sa face principale :

ICI REPOSENT

LES CORPS DE XXXIX SOLDATS FRANÇAIS

TUÉS EN REPOUSSANT VICTORIEUSEMENT L'ENNEMI

DANS LE COMBAT DU XXVIII JANVIER MDCCCLXXI

Ceux de nos blessés qui ont succombé dans les ambulances de Langres ont reçu leur sépulture définitive dans cette ville.

Le franc-tireur mort à Montsaugeon a été inhumé dans cette localité.

Quant au malheureux cavalier-guide fusillé par les Prussiens au pont de Maroue, ses restes ont été déposés au champ de repos de la commune de Cusey, sur le territoire de laquelle sa mise à mort a eu lieu.

Les morts prussiens, eux, ont subi une série de vicissitudes avant de trouver le repos final.

Enterrés, après le combat, au lieu dit *le Songe vert,*

ils furent peu après transportés dans une propriéte privée située sur le territoire dit « en Veroilles ».

Le 30 janvier 1877 enfin, exhumés de nouveau, leurs restes furent transportés dans le cimetière de Montsaugeon, où ils reposent depuis lors.

ANNEXE N° 4

PERTES SUBIES PAR LES FRANÇAIS A L'ATTAQUE DE PRAUTHOY
(Haute-Marne) le 28 janvier 1871

L'historique du 50ᵉ de ligne ne donne qu'en bloc le chiffre des morts et des blessés des deux compagnies du régiment qui ont pris part à l'affaire. Il s'élève à 45.

Du côté des corps francs, aucun document régulier n'a été fourni, et les renseignements tirés des ambulances permettent seuls de reconstituer avec quelque exactitude le chiffre des pertes, qui s'est élevé, au total, à 57.

Les pertes totales du côté des Français se sont ainsi élevées au chiffre de 102 hommes hors de combat, savoir :

1° Tués relevés sur le terrain après l'action. 33 ⎫
    Cavalier-guide fusillé par les Prussiens... 1 ⎬ 34
2° Blessés 68

                    EN TOUT 102

En prenant pour point de départ le total des pertes du 50ᵉ de ligne, et en appliquant à chacune des deux catégories la proportion totale des morts par rapport aux blessés, soit 33 pour cent en chiffre rond, les chiffres ci-dessus se répartissent de la façon suivante :

1° 50ᵉ de ligne . . . . ⎰ Morts 15 ⎱ 45
                                ⎱ Blessés 30 ⎰

2° Corps francs . . . . ⎰ Morts 19 ⎱ 57
                                ⎱ Blessés 38 ⎰

                    TOTAL 102

Mais, 10 des blessés sont morts par la suite aux ambulances, savoir : 3 appartenant au 50ᵉ et 7 aux corps francs (1).

Les pertes définitives, du côté des Français, se décomposent donc comme suit :

Par catégories :

1° Au 50ᵉ de ligne. . . . . { Morts 18 } 45
{ Blessés 27 }

2° Aux corps francs. . . . . { Morts 26 } 57
{ Blessés 31 }

TOTAL GÉNÉRAL 102

Pour l'ensemble :

1° Morts. 44
2° Blessés. 58

ENSEMBLE. 102

(1) V. annexes nᵒˢ 5 et 6.

ANNEXE N° 5

État nominatif d'une partie des militaires du 50ᵉ de ligne tués et blessés à l'affaire de Prauthoy, le 28 janvier 1871, les seuls dont la trace ait été conservée dans différents documents authentiques, en dehors des archives du corps.

NOMS ET PRÉNOMS	GRADES	DATE D'ENTRÉE	OBSERVATIONS
1° SOIGNÉS DANS LES AMBULANCES DE LANGRES (1)			
Beaudoin (Eugène)..	sergent	29 janvier	Coup de feu.
Savary (Emile)......	caporal	28 janvier	—
Chaunaux (Jean)....	soldat	—	—
Crolet (Séraphin)....	—	—	—
Thétiot (Armand)....	—	—	—
Véry (Charles)......	—	—	—
Langlois (Joseph)....	—	—	—
Dimay (Eugène).....	—	—	Coup de feu au bras droit.
Dechazeaux (Auguste).	—	—	—
Tricard (Jean)......	—	—	—
Louet (Pierre-Marie).	—	—	—
Simonin (Jean-Bapt.).	—	—	—
Vitrey (François)....	—	—	—
Rluith (Auguste).....	—	—	—
Bitche (Michel)......	—	—	Coup de feu dans l'œil gauche. Mort le 5 février.
2° RECUEILLIS A L'AMBULANCE DE PRAUTHOY (2).			
Aimet (Charles)......	soldat	28 janvier	Mort le 11 février 1871.
Martin (Jean-Nicol.)..	—	—	—

(1) Renseignements dus à l'obligeance de M. le Dʳ Pierron, médecin-major de 1ʳᵉ classe, médecin chef de l'hôpital militarisé de Langres.

(2) Relevé dans les archives de l'état civil de Prauthoy par les soins de M. Depétasse, instituteur et secrétaire de la mairie de Prauthoy.

NOMS ET PRÉNOMS	GRADES	DATE D'ENTRÉE	OBSERVATIONS
3° TUÉS ET FIGURANT DANS UN JUGEMENT RECTIFICATIF RENDU EN 1877 PAR LE TRIBUNAL CIVIL DE LANGRES.			
Buffet (François)	soldat	28 janvier	
Michel (Noël-Régis)	—	—	
Eschem (Joseph)	—	—	
Pillot (Charles)	—	—	
Joacquin (Hippolyte)	—	—	
Noël (Jean-Joseph)	—	—	
Bernardin (Jules)	—	—	

ANNEXE Nº 6

État nominatif d'une partie des volontaires de la 2ᵉ brigade des Vosges, tués et blessés à l'affaire de Prauthoy le 28 janvier 1871, les seuls dont la trace ait été conservée dans différents documents authentiques.

NOMS ET PRÉNOMS	GRADES	DATE D'ENTRÉE	OBSERVATIONS
1º SOIGNÉS DANS LES AMBULANCES DE LANGRES (1).			
Chouquet (Gustave)..	sergent	28 janvier	Coup de feu à la jambe.
Ragot (Jules)........	serg.-four.	—	Cuisse gauche brisée.
Dallou (Emile)......	franc-tireur	—	Jambe brisée.
Egly (Charles)......	mar. des logis	—	Coup de feu (corps des guides).
Rivois (Jean).......	franc-tireur	—	Coup de feu.
Gilibert (Jules)......	—	—	—
Blanchet (Alexandre).	—	—	—
Trochon (Paul)	—	—	Coups de feu à la tête et au genou gauche.
Blaiteret (Désiré)....	—	—	Coup de feu.
Drapeau (Jean)......	—	—	—
Martin (Charles) ...	—	—	Coup de feu à la main droite.
Mayot.............	—	—	Coup de feu.
Masson (Louis)......	—	—	— à l'épaule gauche.
Borel (Anacréon)....	—	—	— à l'épaule.
Tiphon.............	—	—	Cuisse droite brisée. Mort le 14 mars.
Bigot (Maurice).....	—	—	Coup de feu.
Ichlimm (Jean-Bapt.).	—	—	—
Mohammed-ben-Abdallah	—	—	—
Arnaud (Théophile)..	—	—	Coup de feu.

(1) Renseignements dus à l'obligeance de M. le Dʳ Pierron.

NOMS ET PRÉNOMS	GRADES	DATE D'ENTRÉE	OBSERVATIONS
Dechoppret (Louis)..	franc-tireur	28 janvier	Coup de feu.
Morin (Joseph)......	—	—	—
Gilbert (Victor).....	—	—	—
Jullien (Jean-Bapt.)..	—	—	—
Martinot (Joseph)...	—	—	—
Damiel (Joseph).....	—	—	—
Filiol (Jean)........	—	—	—
Rouquairol (August.).	—	29 janvier	Coup de feu au flanc droit.
Attendu (Jean)......	—	31 janvier	Coup de feu dans la poitrine. Mort le 20 février.
Robert (Jules).......	—	—	Coup de feu.

2° MORTS A L'AMBULANCE DE PRAUTHOY (1).

NOMS ET PRÉNOMS	GRADES	DATE D'ENTRÉE	OBSERVATIONS
Toppucci (Joseph)...	franc-tireur	28 janvier	Chasseur d'Orient. Mort le 29 janvier.
Aureille (Antoine)...	—	—	Chasseur d'Orient. Mort le 29 janvier.
Pitoiset (André-Philidor)...........	—	—	Chasseur d'Orient. Mort le 26 février........
Commères (Jean-Marie).............	—	—	Franc-tireur de Bigorre. Mort le 29 janvier.

3° RECUEILLI AU PRESBYTÈRE DE MONTSAUGEON, PRÈS PRAUTHOY (2)

NOMS ET PRÉNOMS	GRADES	DATE D'ENTRÉE	OBSERVATIONS
Farcy (Charles)......	franc-tireur	28 janvier	Mort le 29 janvier.

(1) Renseignements dus à l'obligeance de M. Depétasse.
(2) Renseignement dû à l'obligeance de M. l'abbé Fournier, curé de Montsaugeon.

ANNEXE N° 7

État nominatif des blessés prussiens soignés à l'ambulance du collège à Langres, et dont les noms ont été conservés dans les archives médicales de la place (1).

NOMS ET PRÉNOMS	GRADES	DATE D'ENTRÉE	OBSERVATIONS
Fischer (Eugène)....	serg.-major	28 janv. 1871	Coup de feu à la cuisse.
Reehwald (Théodore).	sergent	—	— à la main.
Willer (Hermann)...	mousquetaire	—	—
Brettschneider (Ch)..	—	—	—
Carl (Augustin)......	fusilier	—	—
Labuda.............	—	—	—
Speiner............	—	—	—
Draft (Auguste)......	—	—	Coup de feu. Mort le 28 février.
Stobenski (Auguste)..	—	—	Coup de feu. Mort le 3 février.
Groth (Auguste).....	—	—	Coup de feu. Mort le 30 janvier.
Pelské (Gottlieb).....	—	—	Coup de feu.
Sterowski	—	—	—

PERTES SUBIES PAR LES PRUSSIENS AU COMBAT DE PRAUTHOY (Haute-Marne) le 28 janvier 1871

Morts relevés sur le terrain : Soldats...... 19 ; Sous-officiers. 2 } 21

(1) Renseignements dus à l'obligeance de M. le docteur Pierron.

$$\text{Report}\ldots\ldots\quad 21$$

Morts depuis aux ambulances : $\left\{\begin{array}{l}\text{Officier (1). } 1 \\ \text{Soldats.... } 7\end{array}\right\}\ 8$

$$\textsc{Total des morts}\ldots\ldots\ldots\quad \overline{29}$$

Blessés relevés sur le terrain$\ldots\ldots\ldots\ldots\ 51\ \Big\}$
Emmenés par les Prussiens (2)$\ldots\ldots\ldots\ 12\ \Big\}\ 63$
Prisonniers$\ldots\ldots\ldots\ldots\ldots\ldots\ldots\ 73$

$$\textsc{En tout}\ldots\ldots\ldots\ldots\quad \overline{165}$$

(1) Premier lieutenant de Zitzewitz, décédé à Prauthoy le 29 janvier 1871.

(2) Y compris les officiers suivants : capitaine Kriesz, les premiers lieutenants Luchs et Freyer et les seconds lieutenants de Meczkowski et de la Schulembourg.

ANNEXE Nº 8

Au citoyen général commandant supérieur de la place de Langres.

RAPPORT SUR LE COMBAT DE PRAUTHOY
(28 janvier 1871)

« Dans la nuit du 26 janvier, on vint m'annoncer à Pierrefontaines que les Prussiens, au nombre de 1,500 hommes d'infanterie, 100 cavaliers et 2 pièces de canon, occupaient le village de Prauthoy.

« Mes éclaireurs m'assurèrent bientôt qu'il n'y avait que 800 hommes d'infanterie, 30 cavaliers et pas d'artillerie.

« Ainsi que je vous en ai donné avis, je résolus de les surprendre et de les attaquer dans la nuit du 27 au 28 janvier.

« Dès le 27, au matin, je conduisis ma brigade à Aujeures, où je trouvai le capitaine Paris avec une compagnie du 50ᵉ de ligne qui manifestait le désir de prendre part à l'attaque de Prauthoy. Le capitaine Masse, qui était à Leuchey avec une autre compagnie du même régiment, et avait le commandement de ces deux compagnies, faisait des difficultés et ne voulait pas concourir à cette attaque sans votre autorisation, autorisation que vous avez bien voulu accorder.

« L'attaque de Prauthoy devait avoir lieu du côté de Dijon, où l'élévation du terrain domine le village à une portée de fusil.

« Prauthoy étant divisé par deux routes qui se croisent au centre, les troupes de ma colonne devaient entrer au pas de charge sans brûler une cartouche, envahir le village en occupant les quatre bras de route, tandis que la cavalerie devait rapidement cerner le pays pour empêcher la fuite des Prussiens.

« La guérilla marseillaise formait la réserve.

« Le 27, à onze heures du soir, ma brigade se mit en mouvement, ayant en tête les deux compagnies du 50ᵉ de ligne que j'ai appelées à l'honneur de former l'avant-garde.

« Le trajet d'Aujeures à Prauthoy, en passant par Leuchey, Courcelles, Chatoillenot et Aubigny, de 16 kilomètres, devait s'effectuer en 5 heures, mais le verglas, le mauvais état du chemin, la rapidité des côtes, l'obscurité de la nuit, ralentirent notre marche, et la tête de la colonne, qui devait arriver en vue de Prauthoy à 4 heures du matin, n'y parvint qu'à 6 heures et demie.

« Les deux compagnies du 50ᵉ de ligne, contrairement aux ordres donnés de pénétrer à la baïonnette, commencèrent le feu à 3 ou 400 mètres du village, que nous avons trouvé dépourvu de sentinelles et d'avant-postes.

« Les Prussiens se trouvaient en ce moment au centre du pays, faisant l'appel et disposés à partir.

« Le feu du 50ᵉ ayant donné l'alerte, ils se précipitèrent dans les maisons qu'ils avaient préparées pour la défense et répondirent presque aussitôt par une très vive fusillade. Les deux compagnies du 50ᵉ, au lieu de continuer leur marche en avant, prirent position à droite, se couvrant par les accidents du terrain.

« Les compagnies de marins, de Bigorre, de Jonzac, de l'Atlas et Barbas (en tout 200 hommes) pénétrèrent dans le village, mais ne pouvant s'y maintenir, prirent position à droite et à gauche, pour se mettre à couvert du feu de l'ennemi, tout en lui répondant.

« Le 1er et le 2e bataillon de l'Égalité (250 hommes) se portent également sur la droite et sur la gauche.

« Les chasseurs d'Orient gagnent du terrain sur la droite en se déployant en tirailleurs.

« La guérilla marseillaise reçoit l'ordre de se porter sur la gauche et va occuper la lisière du bois à l'ouest de Prauthoy.

« J'ai tenu en réserve les guides, qui se maintiennent avec le plus grand sang-froid à 400 mètres du feu de l'ennemi, sur la route de Dijon.

« Après une heure de combat, j'ai tenté, à trois reprises, de pénétrer à la charge, dans le village avec les guides, mais sans résultat. Trois hommes sont tués, plusieurs blessés ; 4 chevaux tués et 16 blessés.

« La fusillade continue très nourrie de part et d'autre. A 9 heures et demie, le capitaine Masse avec une quarantaine d'hommes du 50e se retire sur la route de Dijon, me déclare impossible l'entrée du village et vient rejoindre les guides.

« En même temps, sur la gauche, à la lisière du bois, la fusillade entre la guérilla marseillaise et les Prussiens devient très vive ; il semble que les Prussiens veuillent gagner la route d'Esnoms.

« Alors, j'envoie les guides sur la route de Chatoillenot, et avec une quarantaine d'hommes du 50e et un certain nombre de volontaires des autres corps, je prends la direction parallèle à celle des guides, pour arriver sur la route d'Esnoms avant les Prussiens et les attaquer de flanc, s'ils tentaient de se retirer sur Châtillon.

« Vu ce mouvement tournant, les Prussiens abandonnent Prauthoy par la route de Mâatz, laissant dans nos mains quatorze voitures contenant du pain, de l'avoine, de l'eau-de-vie, une grande quantité d'objets volés, 200 fusils, leur comptabilité, leurs timbres, la caisse avec 1,500 thalers, un fourgon de munitions, un fourgon d'ambulance, quatorze chevaux, et enfin 73 prisonniers. Nous avons pu constater alors que nous avions affaire au 2ᵉ bataillon du 8ᵉ régiment d'infanterie poméramien, n° 61.

« Nos pertes s'élèvent à 49 morts et 62 blessés. Celles des Prussiens à 24 morts et 26 blessés que nous avons relevés sur le terrain, sans compter deux voitures de morts ou blessés qu'ils ont emmenés.

« Les troupes sous mes ordres, y compris les deux compagnies du 50ᵉ de ligne, n'ont fait dans cette circonstance leur devoir qu'à demi. Si elles l'eussent fait entièrement, aucun Prussien ne se fût échappé.

« Je n'ai aucune action d'éclat à vous signaler. Toutefois je suis content de ma brigade, et j'espère qu'à la prochaine occasion elle saura se distinguer davantage. »

Le Colonel d'état-major,
Commandant de la deuxième brigade,

Lobbia.

ANNEXE N° 9

Notes extraites de l'ouvrage *le 8e régiment d'infanterie poméranienne*, n° 61, depuis sa fondation jusqu'à la fin de 1873, par Baudach, capitaine (allemand) chef de compagnie (p. 53 à 74).

A six heures trois quarts du matin, à l'issue méridionale de Prauthoy, la septième compagnie formant l'avant-garde était en train de se mettre en marche pour Thil-Châtel, lorsque la rue du village qui conduit à cette issue fut *subitement balayée* (1) par la fusillade ennemie. Sur sa ligne de marche, l'ennemi, qui était très supérieur en nombre, avait dans un rapide élan rejeté la chaine des postes sur la troupe de garde. L'ennemi avait très bien dissimulé sa marche et d'ailleurs l'avait exécutée depuis Langres par un détour de 2 milles, comme on se l'expliqua plus tard; nos patrouilles n'avaient pas réussi à apercevoir cette marche avant que l'ennemi fût déjà trop près de notre ligne d'avant-postes.

Les voitures du bataillon qui, par la faute des conducteurs, n'avaient été prêtes qu'après l'heure fixée et qu'on était encore en train d'atteler en partie, se tenaient sur la grande rue du village. Ayant rapidement abattu les attelages, tué une partie des conducteurs et blessé les autres, les premiers tireurs ennemis purent utiliser ces voitures comme abris pour pénétrer plus avant dans la grande rue du village, s'établir solidement dans les

---

(1) Nous avons vu que cette circonstance est inexacte. Le feu a été ouvert par l'avant-garde allemande.

premières maisons et fusiller nos détachements de flanc et de dos.

Pendant que les tirailleurs de la septième compagnie s'opposaient à ce premier choc, la cinquième section, commandée par le lieutenant Luchs, chef de compagnie, et par le lieutenant de la Schulembourg, marcha au-devant des colonnes ennemies qui s'avançaient aussi, refoula l'ennemi quelques pas par un combat à la baïonnette et s'établit au delà de l'église; se réunissant à eux, la sixième section, ou section des tirailleurs, prit pareillement position à cet endroit. Dans le flanc droit, une section de la cinquième compagnie se déploya en tirailleurs, sous le commandement du sous-lieutenant Gladisch, pendant que les deux autres sections restaient en réserve le long de la rue, latérale dans la direction d'une hauteur voisine. Cependant la septième compagnie, se frayant un passage en partie à l'intérieur de la rangée des maisons, gagnait un peu de terrain. Elle était soutenue par une section de la huitième compagnie; pendant ce temps, le reste de cette compagnie, pour couvrir nos derrières, s'était solidement établi à l'issue septentrionale du village, qui le jour précédent avait été organisée pour la défense. C'est là que le lieutenant de Zitzewitz, chef de la huitième compagnie, tomba grièvement blessé à côté du capitaine Kriesz, qui fut lui-même contusionné par un coup de feu, mais resta avec la troupe. Le lieutenant Freyer, adjudant de bataillon, atteint d'une forte contusion, était déjà hors de combat. Cependant, en occupant le presbytère et un mur qui s'y rattache, une section de la septième compagnie réussissait à atteindre à très courte distance (10 à 15 pas) d'un feu très efficace le détachement ennemi, si bien que celui-ci commença à plier; *mais à ce moment de nouveaux détachements ennemis apparaissent et nous assaillent de front; en même temps des colonnes ennemies précédées par de forts essaims de tirailleurs, et descendant d'une ligne de hauteurs situées au nord-est du village* (1), menacent dangereusement la ligne de retraite que le capitaine Kriesz avait désignée et qui passait par Cusey, Sacquenay, Chazeuil, Véronne, pour aboutir à Thil-Châtel. En conséquence, le capitaine Kriesz fit donner le signal du rassemblement. Couvert par la septième compagnie qui était préposée à l'avant-garde, et malgré un violent feu croisé, il se mit en retraite dans un ordre parfait (2).

Le gros bagage du bataillon dut être laissé en plan. Les trois compagnies qui étaient allées à Prauthoy avaient un effectif de 9 officiers et de 511 sous-officiers et soldats. La sixième compagnie était restée à Is-sur-Tille, à la garde de l'ambulance. Nous avons fait les pertes suivantes : morts, 17 hommes; blessés, 60 hommes et 5 officiers (le capitaine Kriesz, les lieutenants de Zitzewitz et Luchs, les sous-lieutenants de la Schulembourg et Freyer). Disparus : 32 hommes et un médecin-major, le docteur Senftleben, qui était resté pour soigner les blessés et fut emmené prisonnier à Langres. En outre : 9 chevaux tués. Le combat avait duré 2 *heures* (3).

(1) Pure fantaisie! Aucune fraction de nos troupes n'a effectué cette manœuvre, qui était indiquée, mais n'eut pas lieu.

(2) L'abbé GARRAUD, *Mémoires*, p. 79 : « Le bataillon passe en silence; les hommes ont *la tête basse, l'air inquiet;* ils paraissent *harassés de fatigue...* Après eux viennent pendant *deux heures une grande quantité de traînards, chose que nous n'avons jamais vue dans les troupes prussiennes depuis le commencement des hostilités. Ils se succèdent à court intervalle par petits pelotons de quatre à cinq.* »

(3) Le combat dura exactement de sept heures moins le quart à dix heures et demie.

TABLE DES MATIÈRES

CHAPITRE XII

DOCUMENTS ANNEXES